복 있는 사람

오직 여호와의 율법을 즐거워하여 그 율법을 주야로 묵상하는 자로다.
저는 시냇가에 심은 나무가 시절을 좇아 과실을 맺으며 그 잎사귀가 마르지 아니함 같으니
그 행사가 다 형통하리로다. (시편 1:2-3)

복음주의란 말을 무수히 듣는다. 그 말은 범람하지만, 그 뜻은 더 모호해졌다. 복음주의가 무엇인지에 대한 이해가 제각기 다르다. 이 시대의 복음주의자 마이클 리브스는 복음주의란 무엇이며 복음주의에 속한 사람이 된다는 것이 무엇을 뜻하는지 깔끔하고 일목요연하게 정리해 준다. 그의 정의에 따르면 복음주의란 성경이 증거하는 삼위 하나님의 구속 사역, 즉 성부 하나님이 성자를 통하여 온 세상을 회복하는 새 창조를 성령 안에서 행하신다는 복음에 충실한 신학이다. 복음주의는 타협할 수 없는 복음의 핵심에서는 일치를, 부차적인 면에서는 포용을, 나아가 그 둘 사이를 잘 분별할 수 있는 지혜를 추구한다. 또한 복음주의는 단순히 신학 사상이 아니라 복음에 근거하여 삶을 갱신하는 운동이다. 진리의 확신에 깃들면서도 예수만을 자랑하는 겸손이 곧 진정한 복음적 삶의 원동력이자 복음주의자의 홀마크라는 저자의 외침이 우리 심령에 복음의 열정을 다시 불태운다.

박영돈 | 고려신학대학원 교의학 명예교수, 작은목자들교회 담임목사

지극히 성경적인 단어에 비성경적 의미를 덧씌워 그 단어를 혐오하게 만들고 기독교적 언어의 빈곤을 초래하는 경우가 종종 있다. 바로 '복음'이 대표적인 사례다. 이 책에 따르면, 구약은 복음을 미리 약속하고 신약은 복음을 밝히 설명하고 있다. 성경의 손끝이 가리키는 예수는 복음이며 사도들은 복음을 증거하기 위해 목숨을 던졌으며 복음에 합당한 자가 되고 복음에 합당하게 살라고 가르친다. 『복음의 사람들』은 사도들의 이 가르침을 강조하며 '복음'과 '복음주의', '복음의 사람'이 성경과 전통에 충실한 초교파적 말들임을 강조하며 그 말들의 신학적인 오용과 오해를 교정한다. 이 책은 모든 교파의 그리스도인이 읽어야 할 필독서다.

한병수 | 전주대학교 선교신학대학원 교의학 교수

마이클 리브스는 이 책에서 기독교 신앙을 정확하고도 간결하게 설명한다. 그는 '복음주의'라는 단어를 성경적이면서도 신학적, 역사적인 관점에서 다룬다. 이 책에는 J.C.라일과 존 스토트, 제임스 패커로 대변되는 최상의 복음주의 전통뿐 아니라, 청교도와 초대 교부의 사상과 가르침이 담겨 있다. 참된 복음주의의 특징이 명쾌한 필치로 드러난다. 많은 이들이 읽고 유익을 얻기 바란다.

마크 데버 | 캐피톨 힐 침례교회 목사

하나님은 늘 자기 백성을 찾기 원하신다. 그런데 그 백성의 정체성을 어떻게 정의해야 할까? 혼란이 깊어지는 시대에 마이클 리브스는 탁월하게 백성의 정체성을 서술해 낸다. 복음의 사람들은 그들을 격려하고 자극하는 복음의 영광스러운 진리에 붙들려 그 진리를 통해 빚어진 이들이다. 그들은 다른 이들을 쉽게 판단하거나 배척하지 않는 겸손을 간직하며, 이 곤고한 세상을 향해 성경의 교리들을 힘 있게 선포하는 일에 마땅히 헌신해야 한다.

테리 버고 | 뉴 프런티어 설립자

마이클 리브스는 가장 탁월한 복음주의자 중 한 사람이다. 그는 복음 안에 있는 영적 일치와 진실성을 위해 헌신하는 삶을 살아가고 있다. 그는 이 책에서 그런 삶의 모습을 아름답게 서술했다. 도덕적 혼란과 정치적 양극화, 교리적 무관심이 특징인 이 시대에, 리브스는 교회를 향해 정통 기독교의 모습을 명확히 제시하며 그리스도인이 어떤 식으로 겸손하고도 거룩한 삶을 살아가야 할지를 잘 보여준다.

필립 그레이엄 라이큰 | 휘튼 칼리지 총장

현대의 문화와 교회에서 '복음주의'라는 용어는 상당한 왜곡과 편견에 시달린다. 심지어 어떤 이들은 그 용어를 아예 폐기해야 한다고 여길 정도다. 그러나 이 책에서 마이클 리브스는 '복음주의'를 간결하고 명확하면서도 설득력 있게 정의하면서 그 용어의 본래 의미를 되찾는 신학 작업을 펼쳐 나간다. 그의 접근 방식은 철저히 성경적이며, 오랫동안 이어져 온 교회사의 지혜에 바탕을 두고 있다. 하나님이 행하시는 계시와 구속, 거듭남의 사역에 초점을 맞추는 그의 논의는 우리의 지성을 밝힐 뿐 아니라 마음까지 따스하게 감싼다. 그는 교리적인 타협에 대해서나 부차적인 사안을 지나치게 중시하는 일 모두에 대해 경고한다. 우리는 이 경고에 따라 복음 안의 일치와 연합에 깊이 헌신하며 각자의 정치 성향이나 개인의 취향을 넘어서는 진실한 교제를 나누게 될 것이다.

존 스티브스 | 독립복음주의교회연합회 의장

이 책에서 마이클 리브스는 복음주의자를 향해 이미 놓인 믿음의 토대를 새롭게 바라보도록 촉구한다. 그 토대는 바로 예수 그리스도이며, 그분의 복음은 성경에 담긴 성부 하나님의 계시와 성령 하나님의 능력을 통해 우리에게 전파되었다(고전 3:11). 이제 우리는 그 복음의 토대 위에서 하나님의 영광을 위해 함께 살아가라는 권고를 듣는다. 이 책의 논의는 오랜 교회의 역사에 근거한 것으로 깊은 설득력을 지닌다. 리브스는 동료와 적을 구분 짓는 우리의 기준이 그릇되지는 않았는지 다시 살펴볼 것을 요청한다. 많은 이들이 그 요청에 응답하기를 바란다.

콘래드 음베웨 | 캄와타 침례교회 목사

복음의 사람들

Michael Reeves

Gospel People: A Call for Evangelical Integrity

복음의 사람들

마이클 리브스
송동민 옮김

복 있는 사람

복음의 사람들

2023년 5월 22일 초판 1쇄 인쇄
2023년 5월 29일 초판 1쇄 발행

지은이 마이클 리브스
옮긴이 송동민
펴낸이 박종현

(주) 복 있는 사람
주소 서울특별시 마포구 연남동 246-21(성미산로23길 26-6)
전화 02-723-7183(편집), 7734(영업·마케팅) 팩스 02-723-7184
이메일 hismessage@naver.com
등록 1998년 1월 19일 제1-2280호

ISBN 979-11-92675-88-6 03230

Gospel People: A Call for Evangelical Integrity
by Michael Reeves

Copyright ⓒ 2022 by Michael Reeves
Published by Crossway
a publishing ministry of Good News Publishers
Wheaton, Illinois 60187, U.S.A.

This Korean translation edition ⓒ 2023 by The Blessed People Publishing Inc.,
Seoul, Republic of Korea.
This edition published by arrangement with Crossway through rMaeng2, Seoul,
Republic of Korea.
All rights reserved.

댄에게

형제가 함께 복음의 신앙을 위해 분투하는 일이

얼마나 선하고 아름다운지!

복음의
사람들은
누구인가?

1

사랑하는 자들아, 우리가 일반으로 받은 구원에 관하여 내가 너희에게 편지하려는 생각이 간절하던 차에 성도에게 단번에 주신 믿음의 도를 위하여 힘써 싸우라는 편지로 너희를 권하여야 할 필요를 느꼈노니(유 1:3).

이 책은 복음의 사람이 되는 일에 관한 책이다. 달리 말해 이 책은 복음주의자란 무슨 뜻인지를 다루는 책이다. 나는 복음주의자가 되는 일의 중요성과 유익에 관한 **성경적** 근거가 있다고 믿는다.

여기서 스스로를 '복음주의'라고 칭하는 모든 운동을 옹호할 생각은 없다. 오히려 반대다. 오늘날 복음주의 운동의 지형도를 살펴보면 그것은 마치 너비가 수 킬로미터에 이르지만 깊이는 2-3센티미터에 불과한 거대한 호수처럼 보인다. 마크 놀은 다음의 유명한 말을 남겼다. "지금 복음주의 지성이 처한 문제는 바로 그 지성이 거의 존재하지 않는다는 것이다."[1] 그 운동은 20세기에 상당히 큰 인기를 얻었으며, 더 많은 이들이 어떤 식으로든 그 이름을 가져다 쓰게 되었다. 하지만 이로 인해 그 운동은 신학적으로 점점 더 공허한 것이 되고 있다. 지금 전 세계에서 온갖 집단이 스스로를 '복음주의자'라고 지칭하면서도 정작 그 운동의 고전적인 신념

복음의 사람들은 누구인가?

은 고수하지 않는 모습을 보인다. 그리고 '복음주의'라는 명칭이 특정한 문화나 정치 성향, 혹은 인종적인 정체성과 결부되는 문제 역시 나타나고 있다.

달리 말해 오늘날 복음주의는 정체성의 위기에 직면해 있다. 이제 '복음주의자'가 누구인지는 복음 바깥의 몇몇 정치적인 의제에 의해 규정된다(심지어 그들 자신도 스스로를 이런 식으로 이해하곤 한다). 하지만 우리는 진실로 복음의 사람들이 되어야 하며, 이를 위해서는 진정한 토대인 "성도에게 단번에 주신 믿음의 도"로 돌아가야 한다.

그러면 복음주의자는 누구를 가리키는가? 지금 우리 주변에 있는 '복음주의' 운동의 모습만 살펴서는 그 답을 찾을 수 없다. 복음주의를 바르게 이해하고 정의하려면, 전통적으로 복음주의자들이 행해 왔던 방식으로 그 일을 감당해야 한다. 여기서 우리는 그 단어의 어원을 염두에 둘 필요가 있다. '복음주의'(evangelicalism)는 '복음'(evangel, '좋은 소식'을 뜻하는 그리스어 '유앙겔리온'[euangelion]에서 왔다)에 의해 규정되는 운동이다. 따라서 복음주의자들은 '복음의 사람들', 혹은 복음에 속한 사람들이다. 물론 일부 복음의 사람은 '복음주의'라는 명칭을 꺼리며, 반대로 다른 이들은 복음의 사람이 아니면서도 그 명칭을 이용할 것이다. 하지만 '복음주의'를 이와

복음의 사람들

다르게 정의하는 것은 그 단어 자체의 의미를 왜곡하는 일이 된다. 복음주의자란 그 정의상 어떤 인종이나 정치 분파에 속한 것이 아니라 복음에 속한 사람을 가리킨다.

따라서 복음주의는 신학적으로 정의되어야 한다. 복음주의자가 된다는 것은 곧 자신의 문화적, 정치적 성향이 아니라 신학적이며 성경적인 신념을 좇아 행하는 일을 의미한다. 복음주의의 핵심 주제는 복음이며, 이 복음은 성경을 통해 알려진다. 더 전문적인 용어로 표현하면, 복음주의의 내용적인 원리는 복음이며 형식적인 원리는 그 복음이 발견되는 성경의 진리와 최종 권위에 있다. 그것은 성경에서 드러나는 예수 그리스도의 복된 소식에 대한 온전한 헌신이다. 그것은 지극히 자연스럽고 정상적인 형태의 기독교다. 그러므로 복음의 백성은 모두 '복음주의자'이며, 이는 그들이 그 명칭을 선호하든 아니든 간에 그렇다. 이에 반해 어떤 이들이 자신을 복음주의자로 여기거나 언론 매체에 그렇게 소개되더라도 복음을 진지하게 따르지 않는다면, 그들은 복음주의자가 아니다. 그들이 대변하는 온갖 다른 의제는 복음주의 자체의 공허함과 변덕스러움을 나타내는 것이 아니라, 다만 그 명칭이 잘못된 곳에 쓰였음을 보여준다.

복음의 사람들은 누구인가?

복음주의 신학

지금 우리가 채택할 수 있는 공식적인 복음주의 신앙고백 같은 것은 없다. 그러면 '복음주의 신학'으로 불릴 만한 사상은 있을까? 위에서 우리는 복음주의의 주제 혹은 내용적인 원리가 복음 자체에 있다는 점을 살폈다. 또 그 운동의 형식적인 원리(혹은 그 주제가 알려지는 방식)는 바로 복음이 발견되는 성경의 진리와 최종 권위에 있어야 한다. 그런데 우리는 특정한 교파의 입장을 내세우지 않으면서 복음주의 신학의 내용을 더 자세히 다룰 수 있을까? 여기서 사도 바울이 복음에 관해 언급하는 부분을 잠시 살펴보자. 로마서의 서두에서 그는 이렇게 서술한다.

> 예수 그리스도의 종 바울은 사도로 부르심을 받아 하나님의 복음을 위하여 택정함을 입었으니 이 복음은 하나님이 선지자들을 통하여 그의 아들에 관하여 성경에 미리 약속하신 것이라. 그의 아들에 관하여 말하면 육신으로는 다윗의 혈통에서 나셨고 성결의 영으로는 죽은 자들 가운데서 부활하사 능력으로 하나님의 아들로 선포되셨으니 곧 우리 주 예수 그리스도시니라(롬 1:1-4).

복음의 사람들

바울의 관점에서 복음은 다음의 성격을 띤다.

1. 삼위일체적: 복음은 성부 하나님이 성자 하나님에 관해 주신 복된 소식이다. 그분은 성령 하나님의 능력 안에서 하나님의 아들로 선포되셨다.
2. 성경적: 복음은 성경을 통해 선포되었다.
3. 그리스도 중심적: 복음은 하나님의 아들이신 그분에 관한 메시지다.
4. 성령의 사역에 근거하는 성격: 성령의 사역을 통해 성자 하나님이 우리에게 계시되었다.

우리는 고린도전서에서 이와 동일한 내용을 보게 된다.

그리스도께서 나를 보내심은 세례를 베풀게 하려 하심이 아니요 오직 복음을 전하게 하려 하심이로되 말의 지혜로 하지 아니함은 그리스도의 십자가가 헛되지 않게 하려 함이라. 십자가의 도가 멸망하는 자들에게는 미련한 것이요 구원을 받는 우리에게는 하나님의 능력이라. 기록된 바 내가 지혜 있는 자들의 지혜를 멸하고 총명한 자들의 총명을 폐하리라 하였으니, 지혜 있는 자가 어디 있느냐. 선비가

복음의 사람들은 누구인가?

어디 있느냐. 이 세대에 변론가가 어디 있느냐. 하나님께서 이 세상의 지혜를 미련하게 하신 것이 아니냐. 하나님의 지혜에 있어서는 이 세상이 자기 지혜로 하나님을 알지 못하므로 하나님께서 전도의 미련한 것으로 믿는 자들을 구원하시기를 기뻐하셨도다. 유대인은 표적을 구하고 헬라인은 지혜를 찾으나 우리는 십자가에 못 박힌 그리스도를 전하니……형제들아, 내가 너희에게 나아가 하나님의 증거를 전할 때에 말과 지혜의 아름다운 것으로 아니하였나니 내가 너희 중에서 예수 그리스도와 그가 십자가에 못 박히신 것 외에는 아무것도 알지 아니하기로 작정하였음이라. 내가 너희 가운데 거할 때에 약하고 두려워하고 심히 떨었노라. 내 말과 내 전도함이 설득력 있는 지혜의 말로 하지 아니하고 다만 성령의 나타나심과 능력으로 하여 너희 믿음이 사람의 지혜에 있지 아니하고 다만 하나님의 능력에 있게 하려 하였노라(고전 1:17-23, 2:1-5).

여기서 바울은 복음의 성격을 다음과 같이 제시한다.

1. 복음은 사람의 지혜에서 나온 것이 아니다. 그것은 성부 하나님의 지혜가 우리에게 계시된 것이다.

복음의 사람들

2. 복음은 예수 그리스도와, 그분이 십자가에 달리심에 관한 것이다.
3. 복음은 성령의 능력을 통해 우리 안에 역사한다.

고린도후서의 끝부분에서 사도 바울은 "가장 중요한" 사안들을 다루면서 위의 요점들을 다시 강조한다.

형제들아, 내가 너희에게 전한 복음을 너희에게 알게 하노니 이는 너희가 받은 것이요 또 그 가운데 선 것이라. 너희가 만일 내가 전한 그 말을 굳게 지키고 헛되이 믿지 아니하였으면 그로 말미암아 구원을 받으리라. 내가 받은 가장 중요한 것들을 너희에게 전하였노니 이는 성경대로 그리스도께서 우리 죄를 위하여 죽으시고 장사 지낸 바 되셨다가 성경대로 사흘 만에 다시 살아나사(고전 15:1-4, ESV).

여기서 바울은 복음의 성격을 이렇게 서술한다.

1. 성경적: 복음은 성경의 내용과 부합한다.
2. 그리스도 중심적: 복음은 그리스도와 그분의 구속 사역, 특히 그분의 죽으심과 부활에 관한 것이다.

복음의 사람들은 누구인가?

3. 거듭남을 강조: 성령의 사역이 명확히 언급되지는 않지만, 여기서 복음은 단순히 지적인 정보가 아니라 우리 각 사람을 향한 구원의 메시지로 제시된다.

끝으로 갈라디아서의 사례를 살펴보자. "다른 복음을 따르는" 신자들을 향해 참된 복음을 옹호하면서(1:6), 바울은 이렇게 언급한다.

형제들아, 내가 너희에게 알게 하노니 내가 전한 복음은 사람의 뜻을 따라 된 것이 아니니라. 이는 내가 사람에게서 받은 것도 아니요 배운 것도 아니요 오직 예수 그리스도의 계시로 말미암은 것이라(갈 1:11-12).

그는 이 편지의 끝부분에서 다음의 내용을 강조한다.

내 손으로 너희에게 이렇게 큰 글자로 쓴 것을 보라. 무릇 육체의 모양을 내려 하는 자들이 억지로 너희에게 할례를 받게 함은 그들이 그리스도의 십자가로 말미암아 박해를 면하려 함뿐이라. 할례를 받은 그들이라도 스스로 율법은 지키지 아니하고 너희에게 할례를 받게 하려 하는 것은 그

복음의 사람들

들이 너희의 육체로 자랑하려 함이라. 그러나 내게는 우리 주 예수 그리스도의 십자가 외에 결코 자랑할 것이 없으니 그리스도로 말미암아 세상이 나를 대하여 십자가에 못 박히고 내가 또한 세상을 대하여 그러하니라. 할례나 무할례가 아무것도 아니로되 오직 새로 지으심을 받는 것만이 중요하니라(갈 6:11-15).

여기서 바울은 복음의 성격을 다음과 같이 제시한다.

1. 계시: 사람의 복음이 아니다. 하나님이 드러내 주셨다.
2. 구속: 우리 주 예수 그리스도의 십자가에 관한 것이다.
3. 거듭남: 우리 삶에 근원적인 혁신을 가져와서 새 피조물이 되게 한다.

복음과 복음주의를 정의할 때, 우리는 사도의 가르침을 충실히 반영해야 한다. 그 가르침은 본질상 삼위일체적이고 성경에 기반을 두며, 그리스도 중심적이고 성령의 사역을 강조한다. 그러므로 그것은 하나님 중심적이어야 하며, "하나님의 복음"으로서 성부와 성자, 성령 하나님의 위격과 사역을 다루게 된다. 우리가 이 사도적인 복음을 온전히 따르기

복음의 사람들은 누구인가?

위해서는 다음 세 가지 개념(three r's)에 대한 바울의 관심을 공유해야 한다. 바로 계시(revelation)와 구속(redemption), 거듭남(regeneration)이다.

이런 관점에서 나는 참된 복음주의 운동에는 명확한 신학이 있음을 주장하려 한다. 그 신학의 핵심에는 세 가지 교리가 존재하며, 이로부터 그 운동의 모든 관심사가 흘러나온다.

1. 성경 안에 있는 성부 하나님의 계시
2. 복음 안에 있는 성자 하나님의 구속
3. 우리 마음을 거듭나게 하시는 성령 하나님의 사역[2]

이 교리들은 복음주의의 간단한 '목차' 역할을 한다. 이 개요가 니케아 신조나 사도신경의 구조와 동일하다는 점을 언급할 가치가 있다. 이는 복음주의가 순전하며 성경적인 기독교일 뿐 아니라 신조적이며 보편적인 기독교이기도 함을 보여준다.

물론 여기서 제시한 것은 하나의 개요일 뿐이다. 나는 다음 세 장에 걸쳐 이 교리들에 대한 성경적이고 복음적인 이해를 자세히 서술하려 한다. 이는 다음 도표에 요약된 것과 같다.

복음의 사람들

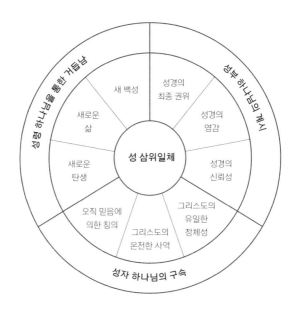

이 장들에서 복음주의의 핵심 신학을 살핀 뒤, 우리는 바울의 로마서에 담긴 논증이 어떻게 복음주의의 중요성을 입증하는지 다룰 것이다.

복음주의가 이 사도적 복음 외의 다른 것에 토대를 둔다면 결국 낡고 진부한 문화적 유물이 되고 만다. 그러나 복음의 사람들이 이 복음을 온전히 믿고 따르는 곳에서는 하늘의 아름다운 열매가 나타날 것이다. "성도에게 단번에 주신 믿음의 도" 안에서 온 마음으로 연합하며, 그 도를 위해 함께 분투하는 모습이 있을 것이다.

복음의 사람들은 누구인가?

성부 하나님의 계시

2

J.C. 라일은 이렇게 말했다. "복음주의 신앙의 첫 번째 주된 특징은 성경에 절대 권위를 부여하는 데 있다. 성경은 믿음과 실천의 유일한 규범이자 진리의 절대 기준이며, 모든 논쟁의 최종 판단자이다."[1] 그 이유는 무엇일까? 간단히 말하면, 그것이 바로 성경에 관한 예수님의 가르침이기 때문이다.

성경의 최종 권위

마가는 예수님이 성경과 그 권위를 두고 바리새인들과 논쟁하신 일을 이렇게 기록했다.

바리새인들과 또 서기관 중 몇이 예루살렘에서 와서 예수께 모여들었다가 그의 제자 중 몇 사람이 부정한 손 곧 씻지 아니한 손으로 떡 먹는 것을 보았더라. (바리새인들과 모든 유대인들은 장로들의 전통을 지키어 손을 잘 씻지 않고서는 음식을 먹지 아니하며 또 시장에서 돌아와서도 물을 뿌리지 않고서는 먹지 아니하며 그 외에도 여러 가지를 지키어 오는 것이 있으니 잔과 주발과 놋그릇을 씻음이러라.) 이에 바리새인들과 서기관들이 예수께 묻되 어찌하여 당신의 제자들은 장로들의 전통을 준행하지 아니하고 부정한 손으로 떡을 먹나이까. 이르시되 이사

25

성부 하나님의 계시

야가 너희 외식하는 자에 대하여 잘 예언하였도다. 기록하였으되, 이 백성이 입술로는 나를 공경하되 마음은 내게서 멀도다. 사람의 계명으로 교훈을 삼아 가르치니 나를 헛되이 경배하는도다 하였느니라. 너희가 하나님의 계명은 버리고 사람의 전통을 지키느니라. 또 이르시되 너희가 너희 전통을 지키려고 하나님의 계명을 잘 저버리는도다. 모세는 네 부모를 공경하라 하고 또 아버지나 어머니를 모욕하는 자는 죽임을 당하리라 하였거늘 너희는 이르되 사람이 아버지에게나 어머니에게나 말하기를 내가 드려 유익하게 할 것이 고르반 곧 하나님께 드림이 되었다고 하기만 하면 그만이라 하고 자기 아버지나 어머니에게 다시 아무것도 하여 드리기를 허락하지 아니하여 너희가 전한 전통으로 하나님의 말씀을 폐하며 또 이같은 일을 많이 행하느니라 (막 7:1-13).

당시의 논쟁은 바로 손 씻기의 문제에 관한 것이었다. 분명 이 논쟁의 초점은 개인 위생에 있지 않았다. 바리새인과 서기관들은 그저 더러운 손으로 저녁 먹는 일을 혐오했던 것이 아니다. 오히려 그들의 관심사는 종교적인 데 있었다. 이는 그들 자신이 "부정[해질까]" 염려했기 때문이다(2절).

복음의 사람들

그래서 그들은 "장로들의 전통을 지키어" 손 씻는 예식 행하기를 고집했다(3절). 그들이 예수님께 반발한 이유는 그분의 제자들이 이 전통을 따르지 않았기 때문이었다(5절). 이에 예수님은 이렇게 대답하셨다. "너희가 하나님의 계명은 버리고 사람의 전통을 지키느니라"(8절). 예수님의 관점에서 성경은 **하나님께 속한 것**인 반면에 전통은 **인간의 것**이었다. 그리고 "사람의 계명"을 하나님의 "교훈"과 동일시하는 것은 헛된 위선이었다(7절).

이어 예수님은 고르반에 대한 바리새인들의 가르침에 이의를 제기하면서, 성경과 전통에 대한 자신의 관점을 자세히 설명하셨다. '고르반'(Corban)은 '하나님께 드린 예물'을 뜻하는 히브리어인데, 당시에는 고르반으로 바친 것을 다른 일에 쓸 수 없다는 전통이 자리 잡았던 듯하다. 예수님은 한 청년이 자기 돈 일부를 고르반으로 모아 두었다가, 나이 든 부모님의 궁핍한 처지를 뒤늦게 알게 된 경우를 가정하셨다. 이런 상황에서 바리새인들은 그 전통 때문에 그 청년이 "자기 아버지나 어머니에게 다시 아무것도 하여 드리기를 허락하지 아니[한다]"는 것이 예수님의 주장이었다(12절). 하지만 이런 바리새인들의 처사는 그 청년으로 하여금 다음과 같은 모세의 계명들을 어기게 만드는 일이었다. "네 부모를 공

성부 하나님의 계시

경하라"(출 20:12), "아버지나 어머니를 모욕하는 자는 죽임을 당하리라"(출 21:17). 그들은 **장로들의** 전통을 지키기 위해 **하나님의** 말씀을 배척하는 죄를 범했다. 이처럼 성경에서 명한 일들을 금하는 바리새인들의 태도는 그들 자신에게 하나님의 말씀보다 더 높은 권위를 부여하는 것이 되었다.

이 문제에 관한 예수님의 신념은 명확했다. '성경은 신적인 기원을 지니며, 그 속에 담긴 모세의 말 역시 그렇다.' 성경에 담긴 "모세의 말"(10절, ESV)은 곧 "하나님의 말씀"이었다(13절). 따라서 성경은 최상의 권위를 지닌다. 인간의 이성적인 추론이나 (인간적인 기원에서 유래한) 전통은 다 그 권위 아래 종속되며, 우리는 성경의 가르침과 충돌하는 인간의 사상이나 전통을 모두 거부해야 한다. 하나님의 말씀과 그분의 피조물인 인간의 말들은 서로 동등한 권위를 지닐 수 없기 때문이다. 신적인 말씀이 인간의 말과 부딪힐 때, 우리는 성경의 교훈을 받들며 인간의 전통을 배척해야 한다. 예수님은 당시의 유대인들에게 종종 이렇게 질문하셨다. "성경에 이렇게 기록된 것을 읽어 본 일이 없느냐?" "율법에서는 어떻게 말하느냐?" 그분은 성경이 우리의 모든 말과 생각을 다스리기에 충분한 절대 권위를 지닌다고 여기셨다.

신약성경의 완성 이후, 교회는 성경의 최종 권위에 관

복음의 사람들

한 이 복음주의의 핵심 원리를 거듭 확언해 왔다. 2세기에 이레니우스는 이 원리를 영지주의 반박의 중심 논거로 삼았다. 그에 따르면 성경은 "우리 신앙의 토대이자 기둥"이다.[2] 영지주의자들의 주된 실수는, 비성경적인 원리들에 근거해서 성경을 해석하고 그 내용을 이질적인 틀에 억지로 끼워 맞추는 데 있었다. 그러나 이레니우스는 성경이 오직 성경을 통해서만 바르게 해석될 수 있다고 여겼다. 다른 어떤 지식이나 신학 체계, 구전 전통도 성경의 참된 의미를 정확히 전달할 수 없다는 것이다.[3] 약 두 세기 후, 아타나시우스는 성경의 정경들에 관해 이렇게 말했다. "이 책들은 구원의 샘물과 같다. 목마른 이들은 그 안에 담긴 생명의 말씀을 통해 비로소 만족을 얻으며, 오직 이 책들 안에서만 참된 경건의 교리가 선포된다. 누구도 그 내용에 무언가를 더하거나 빼려 해서는 안 된다."[4] 한 세대 후, 니사의 그레고리우스(335-395년경)는 성경의 최종 권위에 대한 신념을 다시금 이렇게 표현했다.

우리는 다른 이들의 관습을 교리의 법칙과 규율로 삼아야 한다고 여기지 않는다. 만약 관습이 어떤 가르침의 올바름을 입증하는 근거라면, 우리도 우리의 관습을 내세울 수 있다. 그리고 저들이 우리의 관습을 거부한다면, 우리 역시

성부 하나님의 계시

그들의 것을 따를 이유가 없다. 우리는 영감으로 이루어진 성경을 모든 일의 심판자로 삼아야 한다. 오직 그 하나님의 말씀에 가장 부합하는 이들의 교훈만이 진리로 인정될 것이다.[5]

다음 세대에 아우구스티누스는 이렇게 기록했다. "설령 어떤 이들이 존경받는 가톨릭교회의 신자일지라도, 그들의 추론을 성경의 가르침과 동등하게 여겨서는 안 된다."[6]

한편 이 성경의 최종 권위 문제가 예리하게 부각된 것은 그로부터 1,000년이 지난 종교개혁 시기였다. 이때 마르틴 루터는 성경의 권위를 **인정하면서도** 그것을 **최상의** 권위로 여기지는 않았던 로마 교회의 견해에 이의를 제기했다. 당시 교황의 명령 아래 루터와 논쟁을 벌인 첫 신학자는 실베스터 프리에리아스(Sylvester Prierias)였는데, 그는 로마 교회의 입장을 이렇게 정리했다. "로마 교회와 교황의 가르침이 무오한 신앙의 규범이며, **성경의 능력과 권위 역시 그 규범에 의존함**을 고백하지 않는 자는 모두 이단이다."[7] 그리고 오늘날도 『가톨릭교회 요리문답』은 이렇게 가르친다. "하나님은 교회에게 계시의 전승과 해석을 맡기셨는데, 이 계시된 진리들에 대한 교회의 확신은 성경에서만 유래하는 것이 아니다. 우리

복음의 사람들

는 동일한 헌신과 경외의 감정을 품고서 성경과 전통 모두를 존중하며 받들어야 한다."[8]

하지만 교황의 권위에 대한 로마 교회 측의 주장은 그들의 입장이 잘못되었다는 루터의 심증을 굳혀 줄 뿐이었다. 그는 이처럼 교황을 성경과 동등하거나 그것을 넘어서는 권위자로 받들면 그 교회는 하나님 말씀으로 개혁될 수 없음을 깨달았다. 교황의 말이 하나님 말씀을 늘 압도할 것이다. 루터는 교황이 성경을 오용하고 있으며, 어떤 인간도 하나님 말씀보다 더 높은 권위자가 될 수는 없다는 것을 점점 자각하게 되었다. 자기 말을 하나님 말씀보다 더 우월하게 여기는 자는 곧 스스로를 하나님의 자리에 두는 것이 된다. 결국 하나님의 말씀이 교회를 통해 존재하게 된 것이 아니다. 오히려 교회 자신이 말씀을 통해 생겨났다. 이는 태초에 온 창조 세계가 말씀을 통해 지음 받은 것과 마찬가지다. 하나님 말씀이 무엇보다 우선한다.

사실 성경의 최종 권위에 관한 이러한 원리가 없었다면, 종교개혁도 일어나지 않았을 것이다. 그것은 (최초의 개혁자인) 루터와 에라스뮈스 사이를 갈라놓은 첫 번째 원칙이었다. 에라스뮈스는 그리스어 신약성경을 널리 보급한 학자였으나 종교개혁자로 간주되지는 않는다. 그는 성경을 깊이 존

성부 하나님의 계시

중했지만, 그 가르침에 근거해서 진지한 개혁 운동을 일으킬 생각은 전혀 하지 않았기 때문이다. 에라스뮈스가 보기에 성경은 인간의 삶을 다스릴 권위를 지닌 책이 아니었다. 따라서 그 속에는 기존 교회의 현실에 도전을 제기하고 실질적인 변화를 불러올 능력이 없다고 여겼다. 그는 성경이 최상의 권위를 소유하지 않기 때문에 자신의 기독교적 비전에 맞추어 "그 메시지를 다듬고 수정할 수 있다"고 보았다. 그러나 "실질적인 개혁을 위해서는 루터의 태도가 필요했다. 이는 곧 성경을 믿음의 유일한 토대로 여기는 태도였다('오직 성경으로'). 우리는 성경의 으뜸가는 권위를 인정하고, 그 가르침에 어긋나는 인간의 모든 주장을 거부해야 한다. 그렇게 하지 않을 경우, 우리는 성경 자체의 메시지를 저버리고 말 것이다. 달리 말해 성경을 존중하며 그 권위를 얼마간 인정하는 것만으로 종교개혁의 충분한 동력을 얻을 수가 없었다. 실질적인 변화를 가져오기 위해서는 '오직 성경으로!'라는 확신이 반드시 필요했다."[9]

다음의 두 사상가를 비교할 때, 우리는 성경의 최종 권위가 의미하는 바를 더 뚜렷이 파악하게 된다. 바로 조나단 에드워즈(1703-1758)와 프리드리히 슐라이어마허(1768-1834)다. 에드워즈는 복음주의 전통에 확고히 서 있었으며, 슐라

복음의 사람들

이어마허는 자유주의 신학의 아버지로 알려진 인물이다. 이 둘 사이에는 얼마간의 유사점이 있었다. 두 사람 모두 비슷한 시기에 계몽주의의 도전에 직면했으며, 참된 신앙이 그저 교리들의 목록에 동의하는 데 그치지 않는다고 여겼다. 둘 다 경험과 종교적 감정의 중요성을 강조했다. 하지만 이런 점들을 제외하면, 그들은 서로 다른 신학적 세계관에 속해 있었다. 에드워즈는 신자들의 감정에 관해 이렇게 언급했다. "거룩한 감정은 빛이 없는 열기가 아니다. 그것은 우리의 지성으로 이해하고 받아들인 어떤 정보나 영적인 교훈, 어떤 빛 또는 실제적인 지식을 통해 생긴다."[10] 다시 말해 하나님을 즐거워하며 사랑하는 우리의 깊은 열망이 그분께 속한 진리의 빛을 통해 생긴다는 것이다. 이는 하나님 말씀이 우리의 깊은 속마음을 움직이기 때문이다. 하지만 슐라이어마허의 생각은 이와 정반대였다. 그는 이렇게 언급했다. "기독교 교리들은 그리스도인들의 종교적인 감정을 언어로써 기술한 것이다."[11] 슐라이어마허가 보기에 기독교 교리는 그저 우리가 품은 종교 감정의 결과물일 뿐이다. 그에 따르면 하나님의 말씀이 그런 감정을 불러일으킨 것이 아니다. 오히려 우리의 감정이 그 지적인 신념들을 만들어 냈으며, 우리의 믿음은 우리의 내적인 느낌에 기초한다. 이런 그의 생각은

성부 하나님의 계시

인간의 감정과 이성을 성경보다 더 높은 권위로 여기는 자유주의 신학의 토대가 되었다.

성경과 다른 권위들

이 간략한 역사적 관찰을 통해, 우리는 복음주의 성경관과 다른 주요 대안들 사이의 기본적인 차이점을 알게 된다. 로마 가톨릭교회에서는 성경과 전통을 동등한 권위로 여긴다(이는 동방 정교회에서도 그렇다). 그리고 슐라이어마허의 전통에 선 자유주의 신학자들은 인간의 이성과 감정을 주요 지침으로 삼는다. 하지만 복음주의에서는 예수님의 가르침을 따라 성경이 하나님의 말씀이며 인간의 모든 말과 생각, 감정과 전통을 능가한다고 믿는다. 여기서 복음주의자들은 그저 성경을 높이고 존중하는 데 그치지 않는다. 예수님 당시의 바리새인들에게도 그런 태도는 있었다. 오히려 복음주의자들은 주님이 바리새인들을 상대로 논쟁할 때 그러셨듯이 성경에 **최상의** 권위를 부여하며, 우리 자신의 전통이나 생각, 감정에 근거해서 "하나님의 말씀을 폐하[기]"를 거부한다(막 7:13). 이처럼 복음주의에서는 성경의 권위가 다른 모든 것 위에 있다고 고백한다.

복음의 사람들

이른바 '복음주의' 운동에 속한 모든 이들이 이 복음주의 원리를 충실히 지켜 온 것은 아니다. 이 원리가 잘못 받아들여진 때도 많았다. 소위 '복음주의자'들이 '나 자신과 성경책만 있으면 된다'고 여기는 반지성적인 성경주의에 빠져서, 다른 곳에서 발견되는 지혜 **전부**를 배척하는 경우가 잦았기 때문이다. 하지만 '오직 성경으로'(sola Scriptura)는 '신조가 없이 성경만 따라야 한다'는 견해가 아니다. 우리는 그런 견해를 정상적인 복음주의로 여길 수 없다. 예수님은 인간의 모든 전통을 거부하지 않으셨다. 그분은 수전절을 지켰으며, 당시의 관습대로 식탁에 비스듬히 기대어 음식을 드셨다. 사도 바울은 하나님의 어리석음이 "사람보다 지혜롭[다]"고 가르쳤지만(고전 1:25), 불신자들 역시 약간의 진리를 느끼고 표현할 수 있음을 인정했다. 당시 아테네의 철학자들 앞에서 설교하면서 바울은 이교 시인들의 말을 인용했다. 그 시인들이 하나님의 진리를 온전히 깨닫지는 못했으나 그 내용을 희미하게 감지하고 드러냈기 때문이다.

> 그는 우리 각 사람에게서 멀리 계시지 아니하도다. 우리가 그를 힘입어 살며 기동하며 존재하느니라. 너희 시인 중 어떤 사람들의 말과 같이 우리가 그의 소생이라 하니 이와 같

성부 하나님의 계시

이 하나님의 소생이 되었은즉 하나님을 금이나 은이나 돌에다 사람의 기술과 고안으로 새긴 것들과 같이 여길 것이 아니니라(행 17:27-29).

종교개혁자들 역시 성경 외의 인간적인 전통이나 통찰을 전부 배척하지는 않았다. 그들의 목적은 완전히 새로운 공동체를 만들어 내는 것이 아니라 기존의 교회를 다시 갱신하는 것이었다. 그들은 초대 교회와 자신들 사이의 연속성을 강조했으며, 과거의 교훈을 기꺼이 배우려고 했다. 그들에게 개혁은 곧 회복을 의미했다. 그러므로 루터에 따르면 온갖 오류에 맞서 참된 신앙을 지켜 온 교회의 공의회들과 신조들은 선하고 귀한 가치를 지녔다. 다만 이 문제에 대해 그는 다음과 같이 경고했다.

교회의 공의회들은 **새로운 신앙의 조항들을 만들어 낼** 권세를 지니지 않는다. (이는 설령 그 회의들 가운데 성령님이 임재해 계실지라도 그렇다.) 초대 교회 당시 예루살렘에서 열렸던 사도들의 회의에서도 신앙의 문제에 관한 새 지침은 전혀 제시되지 않았다. 사도행전 16장[15:11]에서 베드로가 결론 지었듯이, 우리가 율법과 상관없이 오직 그리스도의 은혜

복음의 사람들

로 구원받는다는 가르침, 곧 그들이 이전부터 늘 믿어 온 그 조항을 재차 확증했을 뿐이다.[12]

종교개혁의 결과로 나온 신앙고백들도 그 뒤를 따랐다. 예를 들어 성공회의 39개 신조에서는 이렇게 명시한다.

교회는 각종 예식과 의식들을 제정하고 신앙의 논쟁을 판단할 권세를 지닌다. 하지만 교회는 기록된 하나님 말씀에 어긋나는 일을 규정할 수 없으며, 성경의 다른 본문들과 충돌하는 방식으로 본문을 해설해서도 안 된다. 교회는 거룩한 성경의 증언자이며 보존자로서, 그 가르침에 어긋나는 어떤 내용도 선포할 수 없다. 이와 마찬가지로, 교회는 사람이 구원을 얻기 위해 성경의 가르침 외에 다른 무언가를 반드시 믿어야 하는 것처럼 강요해서도 안 된다.[13]

우리 복음주의자들은 교회 전체가 늘 가르쳐 온 내용을 믿는다. 그것은 지극히 정상적인 기독교이다. 하나님은 그분께 속한 교회 전체를 위해 자신의 말씀을 주셨으며, 우리는 그 말씀을 각자의 처소에서 읽을 때도 온 교회의 지체로서 그 일을 행한다. 우리는 신뢰할 만한 교사들이 말씀을 풀어

성부 하나님의 계시

설명하는 것에 귀 기울이며, 그들의 통찰을 마음속 깊이 새겨야 한다. 우리는 과거와 현재에 존재하는 성도들의 지혜를 배울 필요가 있다.

때로 복음주의자들이 근시안적이며 성경주의적인 태도('신조가 없이도 성경만으로 충분하다!')를 보여 온 이유는, 어떤 인간의 전통이나 통찰이 최상의 권위를 가로챌지 모른다는 두려움 때문일 것이다. 물론 그것은 상당히 일리 있는 두려움이다. 우리는 다음과 같은 사도의 권면을 늘 기억해야 한다. "누가 철학과 헛된 속임수로 너희를 사로잡을까 주의하라. 이것은 사람의 전통과 세상의 초등학문을 따름이요 그리스도를 따름이 아니니라"(골 2:8). 하지만 이같이 주의를 기울이더라도, 지나친 공포심에 매여 인간의 모든 지식과 전통을 배격해서는 안 된다. 오히려 우리는 인간의 이성과 전통이 **목회적인 권위**(신자들의 유익을 위해 섬기고 돌보는 권위─옮긴이)를 지닌다는 점을 인정해야 한다. 따라서 잘 확립된 기독교의 선례에 벗어나는 일을 행할 때, 우리는 상당한 부담감을 짊어지게 된다. 다만 그런 선례들이 **지배적인 권위**(신자들이 복종하고 따라야 할 규범적 권위─옮긴이)를 지니는 것 역시 아니다. 그런 권위는 오직 성경에만 있기 때문이다. 성경은 우리의 서재이며, 전통은 이제껏 교회가 그 안에서 잘 읽거나

복음의 사람들

잘못 읽어 온 일들의 기록이다. 그리고 이성은 우리가 그 내용을 읽고 헤아릴 때 쓰는 안경이다.[14]

건전한 복음주의자들이 순복해야 할 이 땅의 여러 권위가 있다. 정부 당국자(롬 13:1)와 교회 장로들, 신조들의 권위 등이다. 하지만 기독교 전통이나 인간 이성과 마찬가지로, 이 중 어떤 것도 하나님 말씀처럼 무오한 신뢰성을 띠지는 않는다. 이 권위들은 인간적인 것이지만 성경은 하나님의 말씀이다. 따라서 그 권위들이 성경 아래에 복속하는 것이 마땅하며, 그 반대는 성립하지 않는다. 물론 우리는 그런 권위들의 인도에 귀 기울여야 하지만, 최상의 권위를 갖는 것은 늘 성경이다. J. C. 라일은 복음주의의 관점을 잘 요약하면서 다음과 같이 언급했다.

> 복음주의 신앙에서는 배움과 탐구, 과거의 지혜 등을 **경시하지 않는다.** 우리의 입장이 그렇다는 어떤 이들의 말은 사실이 아니다. 하나님 말씀을 더 깊이 이해하도록 돕는 지식을 부지런히 추구하고 습득하는 측면에서, 우리는 다른 이들 못지않은 열심을 품고 있다. 과거 이 나라에서 활동했던 신학자들의 목록을 살필 때, 우리는 가장 뛰어난 이들 중 일부가 복음주의자였음을 발견한다……이처럼 우리는 학

성부 하나님의 계시

문을 귀히 여기지만, 이와 동시에 영감을 받지 않은 인간의 글들을 하나님의 계시와 동등한 위치에 놓는 것 역시 거부한다.[15]

성경의 영감

복음주의자들이 성경을 최상의 권위로 여기는 이유는 그것이 **하나님의** 말씀이기 때문이다. 그들은 전통적으로 성경의 '영감'(inspiration)이라 일컬어지는 것을 믿는다. 오늘날 이 단어는 다소 오해의 소지가 있다. 마치 모세와 바울, 누가가 어느 날 갑자기 깊은 종교적 흥분에 사로잡혀 글을 써 내려가기라도 한 듯이 받아들여질 수 있기 때문이다. 하지만 성경의 영감은 그와 전혀 다르다! 바울은 디모데에게 쓴 편지에서 이렇게 언급한다.

> [네가] 어려서부터 성경을 알았나니 성경은 능히 너로 하여금 그리스도 예수 안에 있는 믿음으로 말미암아 구원에 이르는 지혜가 있게 하느니라. 모든 성경은 하나님의 감동으로 된 것으로 교훈과 책망과 바르게 함과 의로 교육하기에 유익하니 이는 하나님의 사람으로 온전하게 하며 모든

복음의 사람들

선한 일을 행할 능력을 갖추게 하려 함이라(딤후 3:15-17).

성경의 모든 책은 "하나님의 감동으로"(breathed out by God) 기록되었다. 이는 그 속에 하나님의 숨결이 깃들어 있음을 뜻한다. 어떤 면에서, 이 가르침의 의미를 제대로 헤아리려면 (다소 이상하게 들리더라도) 성경이 하나님의 '들이쉼'(in-spiration)을 통해 기록되었다기보다는 '내쉼'(ex-piration)을 통해 기록되었다고 말하는 편이 더 정확할 수 있다. 바울의 말뜻은 바로 여기에 있었기 때문이다. 그저 성경의 어떤 부분이나 중요한 사상들만 영감을 받은 것이 아니다. 성경의 모든 부분과 단어가 하나님의 감동으로 기록되었다. 신학자들은 성경의 '완전 영감'(plenary inspiration)이라는 용어를 써서 성경 전체가 영감으로 이루어졌다는 사실을 지칭하며, '축자 영감'(verbal inspiration)이라는 용어를 통해 성경 원본의 모든 단어가 영감 받았음을 밝힌다.

우리는 하나님 말씀을 바르게 읽기 위해, 성경에 이중 저자가 있다는 사실을 인식해야 한다(성경은 하나님의 말씀이면서 동시에 인간 저자들이 기록한 글이기도 하다는 것—옮긴이). 이 때문에 누가는 같은 본문에서 "모세의 법"과 "주의 율법"이라는 표현을 서로 바꿔 가며 사용했다(눅 2:22-23). 때때로 하나님

성부 하나님의 계시

은 그분의 말씀을 직접 받아 적게 하셨다. 예를 들어 시내 산에서 "모세가 여호와의 모든 말씀을 기록[했던]" 일이 있다 (출 24:4). 하지만 더 일반적으로 살필 때, 성경의 내용은 주로 "성령의 감동하심을 받은 사람들이 하나님께 받아 말한 것"들이다(벧후 1:21). 다윗이나 요한, 마태 자신이 그 글을 기록했으며, 그들 자신의 독특한 개성을 드러내는 방식으로 그 글을 썼다는 것이다. 그런데 그들은 "성령 안에서" 그 일을 행했다(막 12:36, ESV). 그들은 "성령의 감화 아래" 있었으며(벧후 1:21, ESV), 어떤 단어를 고를 때마다 그분의 인도를 받았다. 그들은 그저 자신만의 생각을 드러내거나 서술하지 않았다. 오히려 그들은 서로 다른 소리를 내는 악기로서, 위대한 음악가이신 하나님의 손에 붙들려 연주되었다. 그러므로 우리는 (호세아서나 마가복음, 유다서 등에 있는) 성경의 **모든 단어가** 하나님의 감동으로 기록되었다고 할 수 있다.

성경의 전적인 신뢰성

이것 역시 성경의 최종 권위에 대한 복음주의 원리의 핵심 부분이다. 성경이 최상의 권위를 지니려면 그 내용이 온전히 참되며 전적으로 신뢰할 수 있어야 한다. 만약 그 안에

복음의 사람들

오류가 있다면 어떻게 다른 모든 권위를 압도할 수 있겠는가? 그러나 우리는 주 예수님을 믿고 따르므로, 깊은 확신을 품고 성경의 권위에 복종할 수 있다. 예수님은 성경의 내용이 모두 하나님의 말씀임을 늘 밝히셨다. 한 예로 이혼 문제에 관한 바리새인들과의 대화에서 이렇게 말씀하셨다.

> 사람을 지으신 이가 본래 그들을 남자와 여자로 지으시고 말씀하시기를 그러므로 사람이 그 부모를 떠나서 아내에게 합하여 그 둘이 한 몸이 될지니라 하신 것을 읽지 못하였느냐. 그런즉 이제 둘이 아니요 한 몸이니 그러므로 하나님이 짝지어 주신 것을 사람이 나누지 못할지니라(마 19:4-6).

여기서 예수님은 창세기 2:24을 인용하셨는데, 문맥상 그것은 하나님 자신의 말씀이 아니라 창세기 저자의 서술이 담긴 구절이다. 하지만 예수님은 그 구절을 "사람을 지으신 이"의 말씀으로 여기셨다. 예수님의 관점에서 성경은 곧 하나님의 말씀이었으며, 따라서 이렇게 가르치셨다. "성경은 폐하지 못하나니"(요 10:35). 어떤 이들이 하나님 말씀에 오류가 있거나 신뢰할 만하지 못하다고 여길 때, 이는 곧 그분 자신이 그렇다는 뜻이 된다. 하지만 하나님은 실로 참되시며

성부 하나님의 계시

우리가 온전히 신뢰할 분이시다. 따라서 그분의 말씀 역시 그래야만 한다. 하나님 말씀의 완전성은 그분의 완전하신 성품에서 자연스럽게 흘러나오는 속성이다.

때로 어떤 이들은 성경의 이중 저자성, 곧 하나님이 그분의 선지자와 사도들을 통해 말씀하셨다는 점 때문에 성경 안에 오류가 있다고 주장해 왔다. 결국 인간은 잘못을 범하기 마련이라는 것이다. 하지만 실제로는 그렇지 않다. 아담은 처음에 죄악 된 존재가 아니었으며, 예수님 역시 그런 분이 아니시다. 우리는 그분 안에서 우리의 최종 목표인 죄 없는 인간성을 보게 된다. 하나님은 예수님의 인간성을 통해 자신의 성품을 계시하셨듯이, 성경의 인간 저자들을 통해서도 자신의 말씀을 온전히 선포하신다. (그렇지 않다면 성경이 폐해질 것이다.) 따라서 복음주의자들은 사도 바울과 함께 이렇게 선언할 수 있다. "사람은 다 거짓되되 오직 하나님은 참되시다 할지어다"(롬 3:4). 성경의 모든 말씀은 신실하신 하나님의 감동으로 기록되었으며, 우리는 바로 예수님이 그러셨던 것처럼 그 가르침을 기꺼이 신뢰할 수 있다. 여기서 내 말은 우리가 성경의 신뢰성을 믿어야만 **구원받는다**는 뜻이 아니다. 어떤 이들은 **그리스도인이면서도** 성경에 오류가 있다고 여길 수 있다. 하지만 성경을 신뢰할 수 없다고 말하는 것은

44

복음주의적이지 않다.

이 관점은 역사적인 기독교의 가르침을 현대적으로 기이하게 변형시킨 것이 아니다. 2세기에 이레니우스는 이렇게 가르쳤다. "성경은 실로 완전한 진리다. 이는 그 내용이 하나님의 말씀이신 분과 성령에 의해 기록되었기 때문이다."[16] 그는 또 이렇게 언급한다.

이제 사도들이 제시하는 성경의 증거들을 다시 살펴보자. 그들은 하나님에 관한 가르침이 담긴 복음서들을 기록했는데, 그 안에서는 우리 주 예수 그리스도가 진리 자체로서 거짓이 전혀 없으신 분임을 언급하고 있다. 다윗 또한 주님의 동정녀 탄생과 부활을 예언하면서 이렇게 고백했다. "땅에서 진리가 솟아났도다." 그리고 사도들 역시 진리이신 그분의 제자이므로 거짓과 전혀 무관했다. 어둠이 빛과 함께할 수 없듯, 거짓도 진리와 함께 머물 수 없기 때문이다. 둘중 어느 하나가 나타날 때, 다른 하나는 자연히 사라지기 마련이다.[17]

이에 관해 아우구스티누스는 이렇게 가르쳤다. "나는 성경의 정경에 속한 책들에만 이런 영예와 존중을 돌리게 되었

성부 하나님의 계시

다. 이는 그 책들의 저자들만이 모든 오류에서 온전히 자유로 웠음을 굳게 믿기 때문이다."[18] 그는 이렇게 주장했다. "이 거 룩한 책들에 오류가 있다고 여길 때 심히 위험한 결과들이 나 타난다. 성경 기록의 임무를 부여받고 그 메시지의 전달자가 된 이들이 그 책들 속에 무언가 거짓된 가르침을 집어넣었다 고 여기면 우리는 그 내용을 전혀 신뢰할 수 없게 된다."[19]

이 때문에 루터는 인간적인 전통에 대한 존중과 오직 성 경에만 바쳐야 할 온전한 복종을 뚜렷이 구분했다.

여러분도 인정했듯이, 초대 교회의 교부들도 자주 오류를 범했습니다. 그들이 어떤 부분에서는 오류를 범하지 않은 게 확실하다고 장담할 사람이 어디 있겠습니까? 과연 그들 의 명성이 그 자체로 충분하며, 거룩한 성경의 표준에 따라 그 가르침을 판단하거나 헤아릴 필요가 없다고 말할 수 있 겠습니까? (여러분도 언급했듯이) 그들은 성경의 해석자였습 니다. 만약 그들의 생애와 저술뿐 아니라 그들의 해석 가운 데도 오류가 담겨 있다면 어떻겠습니까? 지금 여러분은 우 리 안의 인간성을 신격화하며, 인간 스스로를 지나치게 높 이고 있습니다. 이는 인간들의 말을 하나님의 말씀과 동등 시하는 태도입니다.[20]

복음의 사람들

달리 말해 교부들은 무오한 신뢰성을 지닌 존재가 아니었다. 따라서 그들의 가르침을 무조건 청종해서는 안 된다. 그들의 말과 하나님의 말씀 사이에는 명확한 차이가 있다.

그러나 지난 세기에 특히 스위스 신학자 칼 바르트의 주도 아래, 이 견해는 그저 일종의 근대적인 합리주의일 뿐이라는 주장이 제기되었다. 바르트는 이 견해를 "성경 영감에 대한 새로운 이해"라고 불렀다.[21] 그는 개신교 정통주의에서 성경을 하나의 교리적인 틀 안에 넣어서 그것에 대한 인간적인 통제권을 확보하려 한다고 우려했다. 그렇게 우리는 하나님의 은혜에 의존하기보다 그분의 말씀을 지배하며 다스리게 된다는 것이다. 이처럼 인간의 교리가 신적인 말씀을 속박한다는 것이 그의 생각이었다. 곧 우리가 하나님 말씀을 **신뢰하기 위해서** 성경의 신뢰성 교리를 만들어 냈다는 것이다.

이런 바르트의 주장 가운데는 심각한 고발이 담겨 있다. 만약 그 말이 옳다면 우리는 더 이상 스스로를 '복음주의자'라고 지칭할 수 없을 것이다. 하나님 말씀을 향한 우리의 헌신이 그저 인간적인 교리에 대한 신념에서 나왔다면, 우리 자신이 예수님 당시의 바리새인들만큼이나 그릇된 자들임을 솔직히 인정해야 한다. 하지만 우리의 실제 동기는 전혀 그렇지 않다. 복음주의자들이 성경을 신뢰하는 것은 어떤 영

성부 하나님의 계시

감이나 무오성 또는 무류성의 교리 **때문이** 아니다. 예수님이 그렇게 가르치시며, 성경도 자신의 참됨을 스스로 입증한다. 그리고 우리의 성경관 속에 근대적인 합리주의에서 비롯한 비성경적인 요소가 조금이라도 남아 있다면, 즉시 회개하고 돌이켜야 할 것이다. 존 스토트는 이렇게 말한다.

> 우리 복음주의자들의 소원은 그저 성경을 따르는 그리스도인이 되는 것이다. 그러므로 복음주의 신앙이 역사적인 기독교 신앙과 동일하다는 우리의 주장은 오만한 것이 아니다. (다만 때때로 신앙을 그릇된 방식으로 제시하는 이들이 있기는 하다.) 만약 우리가 본문의 내용에서 무언가를 더하거나 뺌으로써, 혹은 그 내용을 조작하거나 본문의 참뜻에서 벗어남으로써 성경의 메시지를 오해하거나 왜곡했다는 점이 드러난다면, 우리는 기꺼이 그 문제를 바로잡을 준비가 되어 있다. 우리의 목표는 오직 성경의 계시에 겸손히 충성하는 것이기 때문이다.[22]

이 글에서 스토트는 많은 이들이 복음주의 성경관을 반대하는 한 가지 중요한 이유를 언급한다. 우리 역시 성경의 메시지를 오해하거나 왜곡하는 실수를 범할 수 있다는 것이

복음의 사람들

다. 하지만 우리가 성경을 바르게 해석하지 못한다고 해서, 성경 자체의 신뢰성이 감소하지는 않는다. 그 일은 그저 성경에 최상의 권위를 부여하는 것만으로는 충분하지 않음을 보여줄 뿐이다. 다시 말해 성경에 대한 우리의 **해석**이 전적으로 신뢰할 만한 성격을 띠는 것은 아니다. 우리는 성경을 최상의 권위로 여기면서도 여전히 그릇된 해석에 매이며, 그 본문들을 잘못된 방식으로 조화시키거나 그릇된 변증과 신학 방법론에 심취할 수 있다.

여기서는 성경의 무오성에 대한 시카고 선언문의 주의 깊은 접근 방식을 살피는 것이 유익하다.

성경은 하나님의 말씀으로, 그분의 영이신 성령님이 준비시키시고 감독하신 사람들을 통해 기록되었다. 따라서 성경은 그 안에서 다루는 모든 사안에 관해 무오한 신적 권위를 지닌다. 우리는 성경에서 확증하는 모든 것을 하나님의 가르침으로 받아들이며, 성경의 모든 요구를 그분의 명령으로 여겨 순종해야 한다. 그리고 성경의 모든 약속을 하나님 자신의 서약으로 여겨 믿고 의지해야 한다.[23]

이 선언문에 따르면 우리는 "성경에서 확증하는 모든

성부 하나님의 계시

것"을 믿음으로 받아들여야 한다.[24] 따라서 성경의 전적인 신뢰성에 대한 믿음은, 예를 들어 시편 14:1("어리석은 자는 그의 마음에 이르기를 하나님이 없다 하는도다"—옮긴이)을 문맥과 상관없이 읽고는 '하나님이 없다'고 주장할 수 있음을 뜻하지 않는다. 우리는 각 구절의 문맥을 잘 살피면서 읽고, 성경으로 성경을 해석해야 한다. 한 본문에 대한 우리의 해석이 성경의 다른 부분에서 명확히 가르치는 내용과 충돌해서는 안 된다. 우리는 주어진 본문의 장르를 민감하게 파악하면서 성경을 읽어 나가야 한다. 예를 들어 역사 기록은 역사 기록답게, 시는 시답게 해석해야 한다.

이와 더불어, 성경은 그저 그 전반적인 목적이나 영적인 주제의 측면에서만 참되고 신뢰할 만한 책이 아니다. 성경은 "그 안에서 다루는 **모든** 사안에 관해 무오한 신적 권위를 지닌다." 그것은 모든 부분에서 완전한 하나님의 말씀이다. 그러므로 복음주의자들은 성경의 **모든** 가르침을 힘써 지키고 전하며, 성경에서 각각의 사안들에 부여하는 의미와 중요도, 긴급성을 그대로 따르려고 노력한다.

옛 유혹자는 늘 우리 마음속에 이렇게 속삭일 것이다. "하나님이 정말 그렇게 말씀하시더냐?" 하지만 우리는 성경의 다스림을 따라 살아가야 한다는 이 첫 번째 원칙을 늘 고

복음의 사람들

수해야 한다. 이는 그것이 온전히 참되며 신뢰할 만한 하나님의 말씀이기 때문이다. 만일 이 원칙에서 떠난다면, 우리 자신을 무엇이라 지칭하든 더 이상 복음주의자가 될 수 없다. B. B. 워필드는 이렇게 경고한다.

> 지금 우리는 인류의 지적 수준이 점점 진보하고 있으므로 성경관의 변화와 더불어 전혀 새로운 신학이 요구된다는 말을 듣게 된다. 만약 신약의 저자들이 신뢰할 만한 교리의 전달자가 아니라면, 우리는 다른 곳에서 하나님과 인간의 의무, 영생에 관한 진리의 원천과 규범을 찾아야 할 것이다. 이 경우, 성경에서 가르치고 교회가 복종하는 마음으로 받아들여 온 것과는 매우 다른 교리 체계가 나타나게 된다.[25]

진정한 복음주의는 그저 성경의 신뢰성을 흠잡을 데 없이 표현하는 데 달려 있지 않다. 우리는 자신의 신념을 막연히 머릿속에 간직할 뿐, 구체적으로 실천하지 않을 때가 너무 많다. 참된 복음주의는 성경이 우리 삶의 으뜸가는 권위임을 인정하고 그 가르침을 실제로 따르는 데 달려 있다. 우리는 하나님의 말씀에 늘 순복하며 살아가야 한다.

51

성부 하나님의 계시

복음주의자들은 성경을 숭배하는가?

때로 어떤 이들은 복음주의자들이 이처럼 성경에 높은 권위를 부여하여 성경 숭배에 빠진다고 주장한다. 복음주의자들은 대개 그 주장을 반박하지만, 실제로 그런 위험성이 생길 수 있다. 버나드 램에 따르면 "성경주의의 문제점은 성경의 영감에 관해 열변을 토하면서도 정작 그 말씀에서 제시되는 주님에 대해서는 **무관심할** 수 있다는 것이다."[26] 이때 우리는 예수님 당시의 바리새인들이 범했던 것과 같은 죄에 빠진다. 이는 성경 안에 영생이 있다고 믿기 때문에 그 내용을 부지런히 연구하면서도, 정작 그 안에서 증거되는 그리스도께 나아오지는 않는 죄이다(요 5:39-40). 이런 성경주의는 진정한 **복음주의**가 될 수 없다. 복음의 중심에 계신 주님을 경시하기 때문이다.

문제는 성경에 높은 권위를 부여하는 일 자체가 아니다. 그것은 예수님 자신도 취하셨던 태도다. 오히려 문제는 성경 **자체를 통해** 생명을 얻는다고 여기는 데 있다. 이는 곧 성경에 대한 지적인 이해를 구원의 신앙으로 간주하는 태도다. 그런 견해는 성경적이지 않으며, 진정한 복음주의의 관점도 아니다. 성경에 대한 지식 자체가 우리를 구원하지 못한다.

복음의 사람들

오히려 성경은 "능히 너로 하여금 **그리스도 예수 안에 있는 믿음으로 말미암아** 구원에 이르는 지혜가 있게 하[는]" 책이다 (딤후 3:15). 성경에는 성부 하나님이 성령 하나님의 감동으로 성자 하나님을 계시하신 내용이 담겨 있다. J. I. 패커는 이렇게 언급한다.

> 우리는 성경을 하나님의 설교로 받아야 한다. 우리가 성경의 어느 본문을 읽거나 들을 때마다 하나님이 친히 자신의 말씀을 선포하시는 것이다. 이때 성부 하나님이 성령 하나님의 능력으로 성자 하나님에 관한 메시지를 일깨우신다. 성부는 성경의 수여자이시며, 성자는 성경의 주제가 되신다. 그리고 성령은 성부의 뜻 안에서 성자에 관한 메시지를 증언하시는 분으로 세움 받았다. 그분은 성경의 저자로서 그 내용의 참됨을 확증하시며, 우리로 그 의미를 깨닫게 하신다.[27]

복음주의자들은 성경의 권위를 확고히 붙드는 한편, 율법주의나 현학적인 성경 숭배의 위험에서 벗어나야 한다. 예수님이 친히 보여주셨듯이, 성경 자체가 우리의 목적이나 목표가 아니기 때문이다. 우리의 참된 목표이신 분은 오직 하

성부 하나님의 계시

나님뿐이다. 성령의 감동으로 기록된 성경은 살아 있는 성부의 말씀이신 그리스도를 증언하며, 우리로 그분께 나아가 생명을 얻게 한다. 그러므로 복음주의의 첫 번째 원칙인 성경의 최종 권위는 그것 자체만으로 충분하지 않다. 우리는 다음 장에서 살필 두 번째 원칙 역시 굳게 붙들어야 한다.

복음의 사람들

성자 하나님의 구속

3

하나님의 복음은 "그의 아들에 관[한]" 소식이다(롬 1:3). 이 때문에 사도 바울은 고린도 교회에서 "예수 그리스도와 그가 십자가에 못 박히신 것"만을 전하기로 결심했다(고전 2:2). 복음에 충성하는 일은 곧 그리스도와 그분의 구속적인 죽음과 부활을 "무엇보다 중요하게" 여기는 것을 의미한다(고전 15:3-4, ESV). 콘래드 음베웨는 이렇게 말한다. "복음의 핵심 메시지는 그리스도께서 우리를 위해 살고 십자가에 달려 죽었으며, 무덤에 묻혔다가 부활하셨다는 데 있다. 이 메시지를 놓칠 때, 우리는 하나님 나라의 백성들을 교회 안으로 인도해 들일 방편을 잃게 된다."[1]

어쩌면 이런 말들은 당연하게 들릴 수 있다. 원래 기독교는 그리스도 중심의 종교이지 않은가? 물론 그렇다. 하지만 오랜 세월에 걸쳐 그리스도인들은 그분의 지위를 계속 약화시켜 왔다. 우리의 형상대로 그분을 다시 빚어내거나, 다른 목표들을 이루기 위한 방편 정도로 대했던 것이다. 예를 들어 어떤 이는 자유주의 신학자 아돌프 폰 하르나크에 관해 이렇게 지적했다. "하르나크는 열아홉 세기에 걸친 로마 가톨릭교회의 '암흑기'를 뚫고서 그리스도의 참모습을 찾아보려 했다. 하지만 그가 내려다본 그 깊은 우물의 밑바닥에 비친 것은 그저 자유주의 개신교인들의 얼굴일 뿐이었다."[2]

성자 하나님의 구속

복음주의의 길은 이와 다르다. 복음주의자들은 그리스도가 어떤 분이신지 알기 위해 성경을 부지런히 살피며, 그곳에서 그분이 하나님의 아들이심을 본다. 그분은 유일한 독생자의 영광을 지니시며, 우리의 온전한 구주가 되신다. J. C. 라일은 이렇게 언급한다.

복음주의 신앙의 주된 특징은 주 예수 그리스도의 사역과 직분을 무엇보다 중시하는 데 있다. 우리는 그분이 인간을 위해 이루신 구원의 본질을 지극히 강조한다. 예수 그리스도는 영원하신 하나님의 아들로서, 자신의 삶과 죽음, 부활 가운데서 우리의 대표자이자 대리자가 되셨다. 이를 통해 그분은 우리 죄인들 앞에 순전한 구원의 길을 여셨으며, 우리를 죄의 권세와 죄책, 결과로부터 속량하셨다. 그리하여 그분을 믿는 자는 누구나 자기 허물을 전부 용서받고, 하나님 앞에서 온전한 의인으로 여겨진다. 그들은 이 땅의 삶에서도 그리스도와 그분의 모든 유익에 참여하게 된다.[3]

그리스도의 유일한 정체성

요한복음의 서두에서는 마치 구름 사이로 내비치는 장

복음의 사람들

엄한 빛을 보여주듯 그리스도의 독특한 정체성을 지극히 영광스럽게 단언한다.

> 태초에 말씀이 계시니라. 이 말씀이 하나님과 함께 계셨으니 이 말씀은 곧 하나님이시니라. 그가 태초에 하나님과 함께 계셨고 만물이 그로 말미암아 지은 바 되었으니 지은 것이 하나도 그가 없이는 된 것이 없느니라. 그 안에 생명이 있었으니 이 생명은 사람들의 빛이라(요 1:1-4).

육신을 취하신 주님(14절)은 창세기 1장에서 성부 하나님이 창조의 일을 행하실 때 선포하신 바로 그 말씀이었다. 그리스도는 성부의 형상이시며, 그분을 통해 세상 만물이 지음을 받았다. 주님 자신은 피조물이 아니었다. 그분은 만물이 지음 받기 전에 하나님과 함께 계셨으며, 그분 자신이 하나님이셨다. 하나님의 말씀이신 주님은 하나님과 가장 친밀하고 본질적인 교제와 하나 됨을 누리시며, 그분의 깊은 실재를 드러내 보이신다. 히브리서 1:3에서 언급하듯, 그리스도는 "하나님의 영광의 광채시요 그 본체의 온전한 형상"이시다(ESV). 그분은 다른 선지자들처럼 그저 생명의 길을 가리켜 보이는 데 그치지 않으신다. 그분 자신이 생명의 주이

성자 하나님의 구속

시기 때문이다. 그리스도는 생명 그 자체이시며, 우리는 "그분 안에서" 참생명을 발견한다(4절, ESV).

하나님의 아들에 관한 이 진리들은 너무도 중요했기 때문에, 신약 시대 이후 수 세기 동안 교회 내에서 가장 치열한 논쟁의 주제가 되었다. 니케아 신경의 문구에서 드러나듯이, 당시 그리스도인들은 예수 그리스도께서 "하나님에게서 나신 하나님이요 빛에서 나신 빛이며, 참하나님에게서 나신 참하나님으로서 성부에게서 나셨으나 지음을 받지는 않았으며, 성부와 온전히 하나이신 분"이라는 사실에 복음의 참됨 여부가 달려 있다고 보았다. 이는 곧 하늘에 계신 하나님의 본성이 예수님의 성품과 동일함을 의미한다. 그리고 그것은 오직 그분만이 유일한 길과 진리, 생명이심을 나타낸다. 그리스도를 통하지 않고서는 아무도 성부 하나님께로 나아갈 수 없다(요 14:6).

요한복음 서두의 몇 구절에서는 '하나님의 말씀'이라는 그리스도의 영원한 호칭에 초점을 맞춘다. 그리고 12절부터는 그분의 또 다른 이름('하나님의 아들'―옮긴이)으로 강조점을 옮긴다. 이 절에서는 그 이름에 관해 다음의 실마리를 제시한다. "영접하는 자 곧 그 이름을 믿는 자들에게는 하나님의 자녀가 되는 권세를 주셨으니." 과연 어떤 존재가 자신을 믿

복음의 사람들

는 이들에게 이 양자 됨의 복을 베풀 수 있겠는가? 오직 "성부에게서 나신 독생자요 은혜와 진리가 충만하신" 분만이 그리하실 수 있다(14절, ESV). 그분은 "성부의 곁에 계신 유일하신 하나님"이시다(18절, ESV). 이처럼 성부의 곁에(문자적으로는 "성부의 품 안에") 계신 성자 외에는 그 어떤 신도 이런 복을 내릴 수 없다. 성자는 사랑하는 이들을 자신에게로 이끄시며(13:23), 자신이 있는 곳에 함께 거하게 하신다(17:24). 그곳은 바로 성부 하나님의 품 안이다.

이처럼 요한은 그리스도의 독특한 정체성을 확언했다. 주님은 세상의 어떤 인간 교사나 '구원자'들과도 같지 않은 분이었다. 복음은 그분의 정체성 위에 서 있다. 만약 주님이 영원하신 성자가 아니라면, 하나님 역시 그분의 아버지가 아니고, 우리는 하나님 자녀의 권세를 누릴 수 없다. 그리스도께서 이런 독특한 정체성을 지닌 분이 아니라면, 우리를 성부의 품으로 인도해 주실 수 없다. 피조물에 불과한 존재는 자신도 감히 얻지 못한 복을 우리에게 나누어 줄 수 없다.

요한은 또한 그리스도 중심성이 균형을 잃은 관점이 아닌 이유를 보여주었다. 다시 말해 그리스도를 향한 이 헌신은 성부와 성령 하나님을 경시하는 일이 아닌 것이다. 예수님은 하나님의 어떠하심을 드러내는 그분의 말씀이자, 성부

61

성자 하나님의 구속

의 사랑받는 아들이며, 성령으로 기름 부음 받은 분('그리스도')이시다. 요한은 삼위일체적인 관점에서 예수님을 믿고 구주로 따를 것을 이렇게 호소한다. "오직 이것을 기록함은 너희로 예수께서 하나님의 아들 그리스도이심을 믿게 하려 함이요 또 너희로 믿고 그 이름을 힘입어 생명을 얻게 하려 함이니라"(요 20:31). 우리 그리스도인들은 바울과 함께 "내게 사는 것이 그리스도니"라고 고백하며, 이를 통해 그분을 향한 성부 하나님의 깊은 사랑과 관심에 동참한다. 그리스도를 신학의 중심에 두는 것은 곧 성부 하나님과 동일한 마음을 품는 일이다. 그분은 성자를 이 세상을 향한 목적의 중심에 두셨으며, 이는 "온전한 때에 하늘에 있는 것이나 땅에 있는 것이 다 그리스도 안에서 통일되게" 하시려는 것이었다(엡 1:9-10, ESV). 또 우리가 그리스도를 증언할 때, 성령님의 사역에 동참하게 된다(요 15:26-27). 그분은 이 목적을 위해 성경의 저자들에게 영감을 주셨다(요 5:46). "하나님이 품으신 영원한 목적의 핵심에는 그리스도가 계신다. 그분은 구원 얻는 믿음의 참된 대상이며, 우리 신학의 유일한 중심이시다."[4]

그리스도의 유일한 정체성에 관한 복음주의 원리는 여러 세기에 걸쳐 교회가 복음을 대하는 방식의 근간이 되어 왔다. 초대 교회가 로마 제국의 다원주의 이교 문화에 맞서 그분의

복음의 사람들

독특성을 옹호할 수 있었던 것도 이 원리 덕분이었다. 이 원리는 기독교 최초의 본격적인 조직신학서인 이레니우스의『이단 반박론』(*Against Heresies*)의 논증에서도 중심 역할을 했다. 이레니우스는 바울의 아담-그리스도 유형론(롬 5:12-21, 고전 15:20-23, 42-49)에 입각해서, 그리스도를 그저 신자 개개인의 구주로만 여기기를 거부했다. 그에 따르면 그리스도는 첫 사람 아담이 망쳐 놓은 일들을 바로잡으려고 오신 마지막 아담이었다. 하나님의 독생자이신 주님은 "자신의 초월적인 사랑 안에서 우리와 같이 되셨으며, 이는 우리로 그분과 같은 이들(곧 '하나님의 자녀들')이 되게 하시기 위함이었다."[5]

이후 아타나시우스는 이레니우스의 작업에 근거하여 우리 주님이 "보이지 아니하는 하나님의 형상"이시라는 가르침의 의미를 자세히 고찰했다(골 1:15). 아담은 "[하나님의] 형상"을 따라 그분의 "모양"대로 창조되었다(창 1:26-27). 아타나시우스에 따르면, 아담은 하나님의 아름다운 초상화처럼 지음 받은 존재였다. 당시 그의 인격 가운데는 그분의 귀한 형상이 새겨져 있었다. 그러나 아담이 범죄하고 타락하자 이 초상화는 완전히 훼손되어 버렸다. 이때 아담 안에 있던 하나님의 형상이 파손되었고, 그는 지극히 사악하고 이기적인 존재가 되었다. 이제 우리 앞에 놓인 문제는 이것이다. '이 귀한 초상

성자 하나님의 구속

화가 어떻게 복원될 수 있을까?' 이 세상 사람들 가운데는 그 일을 해낼 이가 아무도 없었다. 누구도 그 초상화의 원래 모습을 알지 못했기 때문이다. 우리 앞에 남은 소망은 단 하나였다. 그것은 그 초상화의 주인이신 분이 친히 오셔서, '인류'라는 화폭 위에 자신의 형상을 다시 그려 주시는 일이었다. 아담의 인격 속에 새겨져 있던 그 형상의 실체이신 그분만이 그것을 새롭게 복원하실 수 있었다. 그리하여 하나님의 참된 형상이신 주님이 이 세상에 오셨다. 그분은 인간 안에 있는 하나님의 형상을 되살리기 위해 친히 인성을 취하셨다.[6] 이렇듯 아타나시우스가 제시하는 복음의 이야기는 그리스도의 독특한 정체성에 온전히 의존하고 있다. 우리는 오직 그리스도 안에서만 하나님의 형상 됨을 회복할 수 있으며, 하나님의 참된 형상이신 그분만이 우리를 구속하신다.

이후 16세기의 종교개혁자들은 다음 두 구절에 담긴 성경의 신념을 다시금 확증하려 했다. "하나님과 사람 사이에 중보자도 한 분이시니 곧 사람이신 그리스도 예수라"(딤전 2:5). "다른 이로써는 구원을 받을 수 없나니 천하 사람 중에 구원을 받을 만한 다른 이름을 우리에게 주신 일이 없음이라"(행 4:12). 그들은 베드로가 그리스도를 대신해서 교회의 반석이자 언약의 주춧돌처럼 여겨지던 당시의 상황을 우려

복음의 사람들

했다. 당시 교회에서 하나님의 은혜는 그리스도와 무관하게 주어지는 복이나 유익처럼 제시되었으며, 인간의 믿음 자체에 공로가 있는 듯이 선포되었다. 그래서 종교개혁의 초창기에 루터는 스승인 요한 폰 슈타우피츠에게 쓴 편지에서 이렇게 언급했다. "저는 사람들에게 예수 그리스도만을 신뢰해야 한다고 가르칩니다. 그들 자신의 기도나 공로, 선행에 의지해서는 안 된다고 강조하지요."[7]

그리스도의 정체성에 관한 이 원리는 교회의 삶에서 지극히 중요하지만 늘 깊이 존중되지는 못했다. 타락한 죄인들은 자연히 예수님 외의 다른 것들을 추구하기 때문이다. 그들은 다른 종교적 대상에 의존하기도 한다. 우리 신자들의 삶 속에는 다른 신이나 이념, 행위 혹은 교리들이 그리스도의 자리를 대신하거나 끼어들 수 있다. C. S. 루이스의 책에 등장하는 마귀 스크루테이프는 이 점을 파악하고 자기 조카에게 다음과 같이 간교하게 조언했다.

웜우드에게
네 환자의 진짜 문제는 순전한 기독교를 따르는 공동체에 속해서 살아가는 데 있다. 그들은 각기 다른 관심사를 보이지만, 그들을 하나로 묶는 유대의 끈 자체는 그런 성격을

성자 하나님의 구속

띠거든. 설령 사람들이 이렇게 그리스도인이 되더라도, 여전히 '기독교와 그 무엇'(Christianity And)을 지향하는 마음 상태로 남게 하는 것이 우리 목표다. '기독교와 위기 신학'이나 '기독교와 신(新)심리학', '기독교와 새로운 사회 질서', '기독교와 믿음 치유', '기독교와 심령술 탐구', '기독교와 채식주의', '기독교와 철자법 개혁 운동' 등이지. 사람들이 기독교를 믿는 일을 막지 못하겠거든, 적어도 '다른 이들과는 다른' 기독교인이 되게 만들어야 한다. 그들이 믿음 자체를 붙드는 데서 떠나, '기독교적' 색채를 띤 일시적인 유행을 따르게 만들어라.[8]

스크루테이프가 간파했듯이, 우리가 그리스도의 곁에 무언가를 덧붙일 때 **순전한** 기독교에서 벗어나게 된다. 이는 곧 복음주의자가 되기를 그치는 일이기도 하다. (로잔 언약의 표현을 빌리자면) "오직 한 분의 구주와 하나의 복음만이 있다"는 것은 복음의 본질에서 유래하는 복음주의의 핵심 원리다.[9] 그런데 J. C. 라일은 이 원리가 주로 다음의 두 가지 방식으로 손상된다고 보았다.

우리는 그리스도의 자리를 무언가로 **대체함으로써** 복음을

복음의 사람들

망가뜨린다. 죄인들의 눈앞에서 성경적인 신앙의 위대한 대상이신 예수 그리스도를 제쳐 두고, 그 자리에 다른 무언가를 가져다 놓는 것이다. (이를테면 교회나 우리 자신의 사역, 신앙고백과 세례 혹은 성찬 등이 그것이다.) 이처럼 그리스도의 자리를 다른 무언가로 대체할 때, 복음은 철저히 망가지고 만다! 직간접적으로 이런 일을 행할 때, 우리의 신앙은 더 이상 복음적인 것이 될 수 없다.

또 우리는 무언가를 **더함으로써** 복음을 망가뜨린다. 위대한 신앙의 대상이신 그리스도의 곁에 무언가 다른 것들을 가져다 놓고, 그것들을 그분과 똑같이 존귀하게 받드는 것이다. 이처럼 그리스도의 자리에 무언가를 덧붙일 때, 복음은 그 순전한 맛을 잃고 만다! 직간접적으로 이같이 행할 때, 우리의 신앙은 참된 복음에서 벗어나게 된다.[10]

그리스도는 우리의 유일하고 절대적인 구원자가 되신다. 그러므로 죄악 된 우리가 어떤 노력을 기울이든지 아무것도 그분의 인격과 사역에 덧붙여질 수 없다. 우리에게는 그리스도 외에 "권위 있는 새 계시를 전달해 줄 다른 선지자나 하나님과 우리 사이를 중재할 제사장, 혹은 그분의 교회를 다스릴 다른 왕"이 전혀 필요치 않다.[11] 성경만이 우리 삶

성자 하나님의 구속

의 으뜸가는 권위이듯, 그리스도만이 우리의 유일한 소망이시기 때문이다. 우리는 오직 그분을 통해 **살아계신 삼위일체**하나님의 영광을 알게 된다.

그리스도의 온전한 사역

하나님이 완전하시므로 그분의 말씀 역시 완전하다. 이처럼 그리스도께서 완전하신 분이시므로 그분의 사역 또한 완전하다. 하나님은 그분의 은혜로써 계시와 구속의 일들을 행하시며, 이 일들은 그리스도 안에서 온전히 성취된다.

계시의 측면에서, 그리스도는 최종적이며 무엇보다 우월한 하나님의 말씀이시다. 이에 관해 히브리서의 서두에서는 이렇게 선포한다.

옛적에 선지자들을 통하여 여러 부분과 여러 모양으로 우리 조상들에게 말씀하신 하나님이 이 모든 날 마지막에는 아들을 통하여 우리에게 말씀하셨으니 이 아들을 만유의 상속자로 세우시고 또 그로 말미암아 모든 세계를 지으셨느니라(히 1:1-2).

복음의 사람들

따라서 유다는 "성도에게 **단번에**(*hapax*) 주신 믿음의 도"에 관해 기록했다(3절). 그리고 성경에서 그리스도의 구속 사역을 언급할 때도 이와 동일한 단어가 쓰인다. 그리스도는 "많은 사람의 죄를 담당하시려고 **단번에**(*hapax*) 드리신 바 되셨[다]"(히 9:28). 또 베드로는 그리스도께서 "**단번에**(*hapax*) 죄를 위하여 죽으[셨다]"고 선언한다(벧전 3:18).

이 구절들에서는 하팍스라는 부사가 쓰여 그리스도께서 이루신 일의 독특성과 최종성을 나타내고 있다. 신약에서는 하팍스 혹은 에파팍스(*ephapax*)를 써서 그리스도의 사역을 자주 묘사하는데, 특히 히브리서에서는 구약 율법의 반복적인(따라서 불충분한) 제사들과 그리스도께서 단번에 드리신(그렇기에 온전히 충분한) 제사를 서로 대조한다.

> 그가 죽으심은 죄에 대하여 **단번에**(*ephapax*) 죽으심이요 그가 살아 계심은 하나님께 대하여 살아 계심이니(롬 6:10).

> 그는 저 대제사장들이 먼저 자기 죄를 위하고 다음에 백성의 죄를 위하여 날마다 제사 드리는 것과 같이 할 필요가 없으니 이는 그가 **단번에**(*ephapax*) 자기를 드려 이루셨음이라(히 7:27).

성자 하나님의 구속

염소와 송아지의 피로 하지 아니하고 오직 자기의 피로 영원한 속죄를 이루사 **단번에**(*ephapax*) 성소에 들어가셨느니라(히 9:12).

율법은 장차 올 좋은 일의 그림자일 뿐이요 참 형상이 아니므로 해마다 늘 드리는 같은 제사로는 나아오는 자들을 언제나 온전하게 할 수 없느니라. 그렇지 아니하면 섬기는 자들이 **단번에**(*ephapax*) 정결하게 되어 다시 죄를 깨닫는 일이 없으리니 어찌 제사 드리는 일을 그치지 아니하였으리요(히 10:1-2).

이 뜻을 따라 예수 그리스도의 몸을 **단번에**(*ephapax*) 드리심으로 말미암아 우리가 거룩함을 얻었노라(히 10:10)

존 스토트는 이 성경의 증거들을 살핀 뒤, 다음과 같이 결론을 내렸다.

우리 복음주의자들은 하나님이 그리스도 안에서 말씀하고 행하신 일들의 최종적인 성격을 깨달아 이 둘 모두를 굳게 붙든다. 우리는 하나님이 이 땅에 오신 그분의 아들을 통해

70

복음의 사람들

드러내신 것보다 더 높은 진리가 계시될 수 있다고 여기지 않는다. 그리고 그리스도의 십자가에서 이루어진 것 외의 어떤 일이 우리의 구원을 위해 추가로 요구된다는 것 역시 상상하기 어렵다.[12]

실제로 이 에파팍스라는 단어는 16세기 프랑스의 종교 개혁을 촉발한 하나의 불씨가 되었다. 1534년 10월, 프랑스 전역의 도시들에 로마 가톨릭교회의 미사를 공격하는 벽보들이 게시되었다. 그런데 이 벽보들에는 다음의 히브리서 구절이 쓰여 있었다. "그는 저 대제사장들이 먼저 자기 죄를 위하고 다음에 백성의 죄를 위하여 날마다 제사 드리는 것과 같이 할 필요가 없으니 이는 그가 **단번에** 자기를 드려 이루셨음이라"(7:27). 여기서 요점은, 우리 죄를 위한 그리스도의 십자가 제사가 이처럼 온전하다면 그 일은 "반복될 필요도 없고 또 그럴 수도 없다"는 것이다. "자기 죄를 속함 받으려는 우리의 모든 시도는 불필요할 뿐 아니라 그리스도를 모독하는 것이 된다. 마치 그분의 제사가 충분하지 않은 것처럼 여기는 마음에서 나오는 시도이기 때문이다. 그리스도의 제사가 정말 '단번에' 이루어졌다면, 이제 어떤 제사장이나 대제사장들이 또 다른 제사를 드릴 이유가 없다." 그러므로 속죄

성자 하나님의 구속

를 위한 미사나 자기 죄를 사함 받으려는 우리의 온갖 시도들은 전부 무익한 것이 된다. "우리의 유일한 피난처는 그리스도와 그분의 온전한 사역을 신뢰하는 데 있다."¹³

복음이 복된 소식인 핵심 이유는 바로 이것이다. 그리스도의 구속 사역이 실로 온전하고 충분한 것이므로, 복음은 그저 하나님이 삶에 지친 우리를 향해 내미시는 도움의 손길 정도에 그치지 않는다. 오히려 주님의 복음 가운데는 깊은 수렁에 빠진 우리를 친히 건져 내시는 그분의 큰 자비와 능력이 담겨 있다. 복음은 이미 강하고 선한 이들을 향해 그들 자신의 가치를 입증하라는 요구가 아니다. 그것은 약하고 비뚤어진 자들을 향해 그리스도의 자비가 얼마나 깊고 넓은지 직접 경험해 보라는 부르심이다. 구속은 오직 그분의 사역을 통해 성취되며, 우리가 그 위에 무언가를 덧붙일 여지가 없다.

단지 그리스도의 죽으심뿐만이 아니다. 그분의 모든 구속 사역은 인간들의 어떤 기여도 없이 성취된다. 우리 복음주의자들이 역사적으로 그리스도의 동정녀 탄생을 옹호해 온 이유 중 하나도 바로 이것이다. 그 교리를 통해 우리가 얻은 구원의 기적적인 성격이 뚜렷이 드러난다. 요셉과 마리아는 그들 자신의 힘으로 세상의 구주이신 그분을 탄생시키지 않았다. 그리스도는 성령의 능력 안에서 우리에게 주어진 하나

복음의 사람들

님의 값없는 선물이었다. 달리 말해 우리는 하나님과 인간이 서로 협력해서 구원을 이룬다고 주장하지 않는다. 구원은 인간 자신의 노력이나 갈망에서 나오지 않는다. 그것은 오직 하늘로부터 온다. 이런 관점은 그리스도의 부활과 승천, 재림의 경우에도 똑같이 적용된다. 우리 인간들이 할 수 있는 일은 아무것도 없으며, 오직 그리스도께서 모든 일을 이루신다.

이 구속 사역의 중심에 놓인 것은 그리스도의 죽으심이었다. 주님은 이 죽으심의 "때"를 위해 세상에 오셨다(요 12:27). 그분은 제자들이 무엇보다 십자가에서 찢긴 자신의 몸과 그곳에서 쏟은 피를 기억해 주기를 바라셨다. 이에 따라 복음주의자들은 전통적으로 바울과 함께 이렇게 고백해 왔다. "내게는 우리 주 예수 그리스도의 십자가 외에 결코 자랑할 것이 없으니"(갈 6:14). 찰스 웨슬리는 예수님이 십자가에서 숨을 거두실 때 "다 이루었다"(요 19:30)고 말씀하신 일을 깊이 묵상하면서, 다음의 찬송가를 작시했다. 그 이래 복음주의자들은 이 찬송가를 널리 애창해 왔다.

다 이루셨네! 메시아가 죽으셨네
자기 것이 아닌 우리 죄를 위해 숨을 거두셨네
제사가 온전히 드려졌고

73

성자 하나님의 구속

위대한 구속이 성취되었네

다 이루셨네! 모든 죗값이 치러지고
신적인 공의가 만족되었네
위대하고 완전한 속죄를 이루셨네
죄 많은 세상을 위해 하나님이신 그분이 친히 죽으셨네[14]

웨슬리의 가사는 그리스도의 십자가에 관한 복음주의의 고전적인 이해를 잘 보여준다. 복음주의자들은 성경에서 언급하는 십자가의 다양한 측면을 음미한다. 예를 들어 우리는 주님의 십자가에서 하나님의 사랑과 영광이 드러나는 모습을 보게 되며, 그리스도는 그곳에서 악의 세력을 꺾고 승리하셨다. 하지만 십자가의 **주된 목적**은 하나님의 사랑으로 우리를 감동시키거나 사탄을 물리치는 것이 아니었다. 창세기 3장부터 제시되는 성경의 큰 질문은 이것이다. "아담과 하와의 후손인 우리 죄인들이 하나님과 어떻게 화목할 수 있을까?" 인류가 직면한 가장 큰 문제는 늘 그들의 죄에 대한 하나님의 진노였다(롬 1:18). 그리고 구약의 유월절에서 율법의 제사에 이르기까지 그 해답은 늘 대속물, 곧 우리 죄의 형벌을 짊어질 무언가를 찾는 데 있었다. 바로 이 때문에 그리

복음의 사람들

스도께서 우리를 **위해** 자기 목숨을 버리셨다. 이로써 신적인 공의가 충족되었으며, 우리가 "그로 말미암아 진노하심에서 구원을 받[게]" 되었다(롬 5:8-9).

마르틴 루터는 그리스도께서 이루신 이 대리 속죄의 사역을 "놀라운 교환"이라 부르면서 이렇게 언급했다.

이 신비 가운데는 우리 죄인들에게 하나님이 베푸시는 풍성한 은혜가 담겨 있다. 이 놀라운 교환을 통해 우리 죄는 그리스도의 것이 되고, 그분의 의는 우리 것이 된다. 그리스도께서 자신의 의를 내려놓으신 이유는 우리가 그 의를 덧입으며 더욱 풍성히 누리게 하시기 위함이었다. 그분은 우리 죄악을 자기 몸에 친히 취하셨으니, 이는 그로부터 우리를 건지기 위함이었다.[15]

그런데 이 '교환'의 개념이 생겨난 시기는 적어도 주후 2세기까지 거슬러 올라간다. 「디오그네투스에게 보내는 편지」의 저자는 이 개념을 통해 그리스도의 사역이 지닌 충분하고도 완전한 성격과 그 영광스러움을 강조한다. 그는 이렇게 언급한다.

성자 하나님의 구속

우리의 사악함이 극에 달해 그 대가인 형벌과 죽음이 우리 앞에 닥쳐왔을 때,……[하나님이] 친히 그 죄 짐을 짊어지시고 자기 아들을 우리의 대속물로 주셨다. 그리하여 거룩하신 주님이 우리 범죄자들의 자리에 대신 서셨다. 흠 없으신 그분이 사악한 우리를 대신해서 피 흘리셨으며, 의로우신 그분이 불의한 우리를 위해 자기 목숨을 버리셨다. 썩지 않고 불멸하시는 그분이 부패하고 죽을 수밖에 없는 우리를 위해 자신을 희생하셨다. 주님의 의 외에 그 무엇이 우리 죄를 덮어 줄 수 있겠는가? 하나님의 독생자이신 그분의 공로가 없었다면, 사악하고 불경건한 우리가 어떻게 의롭다 함을 얻겠는가? 오, 감미로운 교환이여! 깊고도 놀라운 하나님의 섭리여! 오, 모든 기대를 뛰어넘는 복과 유익이여! 많은 이의 사악함이 그 의로우신 분 안에 감추어졌으며, 그분의 의로 많은 죄인이 의롭다 함을 입었도다![16]

오직 믿음에 의한 칭의

그리스도의 구속 사역이 이같이 온전하다면, 그 위에 무언가 더할 것이 없다. 그저 하나님이 베푸시는 구원을 믿음으로 받아들이면 된다. 이때 필요한 것은 우리의 믿음뿐이

복음의 사람들

다. 종교개혁의 **핵심** 쟁점은 바로 여기에 있었으며, 복음주의자들은 이 '오직 믿음에 의한 칭의' 교리를 그리스도께서 이루신 구속의 온전함에 대한 믿음의 시금석으로 여겨 왔다. 실제로 루터는 이렇게 선언했다. "이 조항이 확립되면 교회가 굳게 서고, 그것이 무너지면 교회도 함께 무너진다."[17]

　　루터가 이렇게 말할 때 주로 염두에 두었던 본문은 로마서 3:21-4:25이다. 그는 이 본문을 "이 서신과 성경 전체의 요점이자 중심"이라 불렀다.[18] 마틴 로이드 존스 역시 이 본문을 로마서의 "중심점"으로 여겼다. 이는 이 단락에서 속죄와 칭의에 대한 바울의 핵심 이해가 드러나기 때문이다.[19]

　　로마서의 앞부분에서 바울은 모든 인간이 죄를 범했기 때문에 하나님의 마땅한 진노와 정죄 아래 있음을 밝혔다. 그러나 3:21부터는 그런 우리를 위한 하나님의 의가 계시되었다는 복된 소식을 전한다.

　　이제는 율법 외에 하나님의 한 의가 나타났으니 율법과 선지자들에게 증거를 받은 것이라. 곧 예수 그리스도를 믿음으로 말미암아 모든 믿는 자에게 미치는 하나님의 의니 차별이 없느니라. 모든 사람이 죄를 범하였으매 하나님의 영광에 이르지 못하더니 그리스도 예수 안에 있는 속량으로

성자 하나님의 구속

말미암아 하나님의 은혜로 값없이 의롭다 하심을 얻은 자
되었느니라. 이 예수를 하나님이 그의 피로써 믿음으로 말
미암는 화목제물로 세우셨으니 이는 하나님께서 길이 참
으시는 중에 전에 지은 죄를 간과하심으로 자기의 의로우
심을 나타내려 하심이니 곧 이 때에 자기의 의로우심을 나
타내사 자기도 의로우시며 또한 예수 믿는 자를 의롭다 하
려 하심이라(롬 3:21-26).

바울은 그리스도를 우리 죄를 위해 죽으신 온전한 속죄
제물로 제시한다. 그리하여 하나님은 죄를 묵과하지 않는 의
로운 심판자가 되시는 **동시에**, 의가 없는 우리에게 자신의 의
를 베푸시는 완전한 구원자가 되실 수 있었다. 이 속죄의 사
역이 이루어졌으므로 이제 하나님은 "은혜로 값없이" 우리
죄인들을 의롭다고 선포하신다.

바울은 신자들의 조상인 아브라함을 예로 들면서 칭의
의 의미를 계속 설명해 나간다.

그런즉 육신으로 우리 조상인 아브라함이 무엇을 얻었다
하리요. 만일 아브라함이 행위로써 의롭다 하심을 받았으
면 자랑할 것이 있으려니와 하나님 앞에서는 없느니라. 성

복음의 사람들

경이 무엇을 말하느냐. 아브라함이 하나님을 믿으매 그것이 그에게 의로 여겨진 바 되었느니라. 일하는 자에게는 그 삯이 은혜로 여겨지지 아니하고 보수로 여겨지거니와 일을 아니할지라도 경건하지 아니한 자를 의롭다 하시는 이를 믿는 자에게는 그의 믿음을 의로 여기시나니(롬 4:1-5).

복음에서 하나님은 자신이 "**경건하지 아니한 자**를 의롭다 하시는" 자비로운 분임을 드러내신다. 아브라함이 실제로 의인이었기 때문에 의롭게 인정되었던 것이 아니다. 창세기 15:6에서 말씀하듯, 그는 그저 하나님을 믿었기 때문에 의로운 자로 **간주되었다**. 아브라함은 스스로의 의를 아무것도 아닌 것으로 여겼으며, 이는 이후 바울이 보여준 태도와 동일하다. "[이는] 내가……그리스도를 얻고 그 안에서 발견되려 함이니 내가 가진 의는 율법에서 난 것이 아니요 오직 그리스도를 믿음으로 말미암은 것이니 곧 믿음으로 하나님께로 부터 난 의라"(빌 3:8-9).

우리가 의롭다 함을 얻는 것은 곧 죄인이지만 하나님의 은혜로 '의롭다'는 판결을 받는 일이다. 이때 우리는 자신의 의가 아닌 그리스도의 의에 근거해서 의로운 자로 선포된다. 바울은 시편 32편에 담긴 다윗의 고백을 인용하면서 이 요점

79

성자 하나님의 구속

을 옹호한다.

> 불법이 사함을 받고 죄가 가리어짐을 받는 사람들은 복이
> 있고 주께서 그 죄를 인정하지 아니하실 사람은 복이 있도
> 다 함과 같으니라(롬 4:7-8, 시 32:1-2 인용).

복 있는 자는 죄가 아예 없는 사람이 아니다. 오히려 그는 자기 죄가 "가려짐"을 받았으며, 주님이 그 죄를 **인정하지** 않으실 사람이다.

복음주의의 관점에서, 이 모든 말 속에는 친숙한 종교개혁의 표현법이 담겨 있다. 우리는 루터나 칼뱅 등의 개혁자들이 '오직 믿음에 의한 칭의'를 선포하는 모습을 자연스레 떠올린다. 그런데 사람들은 대개 종교개혁 이전에는 이 교리가 거의 언급되지 않은 듯이 여긴다. 이는 초대 교회의 교부들이 다음과 같은 현대 로마 가톨릭교의 관점을 옹호했거나 은연중에 암시했다고 믿기 때문이다. "영생은 하나님의 은혜인 동시에 우리의 선행과 공로에 대한 보상으로 주어진다."[20] 정말 그렇다면, 복음주의 신앙은 역사적이고 보편적인 기독교일 뿐이라는 우리의 입장을 고수하기가 어려워진다. 교부들이 '오직 믿음에 의한 칭의'를 가르치지 **않았다면**, 자신들

복음의 사람들

이 고대 기독교의 회복을 추구했을 뿐이라는 종교개혁자들의 주장이 설득력을 잃기 때문이다.

하지만 실제로는 그렇지 않다. 교부들이 이 칭의 교리를 언급한 사례는 매우 많지만, 여기서는 그중 몇 가지 예만 들어보겠다.[21] 테르툴리아누스(155-230년경)는 이렇게 언급했다. "하나님은 그분을 믿는 이들에게 자신의 의를 **전가하시고**, 의인들이 그분의 손길 안에서 살아가게 하신다. 하나님은 이방인들이 이 **믿음을 통해** 그분의 자녀가 된다고 선포하신다."[22] 그리고 가이사랴의 바실리우스(330-379)는 이렇게 가르쳤다. "순전한 마음으로 하나님을 자랑하는 이들은 그들 자신의 의를 추구하는 교만에 빠지지 않는다. 그들은 자기가 실로 무가치한 존재임을 알며, **오직 그리스도를 믿는 믿음에 근거해서** 의롭다 함을 얻는다고 고백한다."[23] 4세기의 신학자 마리우스 빅토리누스 역시 이 가르침을 강조했다. "우리는 인간이 율법의 행위로 의롭게 되지 않음을 안다. 그 일은 오직 예수 그리스도를 향한 믿음으로 이루어지기 때문이다.……우리를 칭의와 성화의 길로 인도하는 것은 이 믿음뿐이다."[24] 다른 예로, 위대한 설교자인 요한 크리소스토무스(347-407년경)는 이렇게 선포했다. "하나님의 은혜로, 아무 허물이 없으신 분이 우리 죄인들을 대신해서 징벌을 받았습니

성자 하나님의 구속

다.……의 자체이신 분이 우리를 위해 '죄가 되신' 것입니다. 그분은 마치 죄인처럼 정죄 받고 죽임을 당하셨습니다. 그리하여 우리는 그저 '의로운' 자들이 아니라 '의', 곧 '하나님의 의' 자체가 되었습니다."[25] 물론 이런 가르침이 주후 5세기 이후에 점점 더 희미해지기는 했다. 하지만 그 이전의 초대 교회에서는, 오히려 칭의와 성화를 혼동하는 이들이 '이상한 자들'로 간주되었다. 그러므로 성경과 초대 교회의 교부들, 종교개혁자들과 청교도들, 18세기의 부흥 운동가들은 '오직 믿음에 의한 칭의' 교리를 소중히 여겼다는 점에서 모두 일치하며, 복음주의자들 역시 그 연속선 위에 있다.

'오직 믿음에 의한 칭의'는 성경적인 복음의 중심에 놓인다. 본질적으로 그것은 그리스도께서 우리의 유일하고 온전한 구주가 되신다는 진리에서 유래하는 귀한 결론이다. 그래서 우리 복음주의자들은 깊은 사랑과 열정으로 그 교리를 옹호해 왔다. 하지만 우리가 마치 죽은 나비의 표본을 수집하는 이들처럼 이 교리들을 대하는 것은 아니다. 그 증거로 우리는 복음주의권의 찬송가들을 들 수 있다. 지난 여러 세기 동안 복음주의자들은 이 교리를 **높이고 기리는 데만** 머물지 않았으며, 단지 참 복음의 경계를 표시하는 울타리로만 사용하지도 않았다. 오히려 우리는 그 교리에 담긴 진리를

복음의 사람들

큰 소리로 노래하며 종종 눈물까지 흘린다. 이 교리를 통해 그리스도의 경이로운 선하심과 우리가 그분 안에서 누리는 평안이 생생히 드러나기 때문이다. 한 예로, 에드워드 모트의 찬송가 「이 몸의 소망 무언가」(My Hope Is Built on Nothing Less, 1836)를 들 수 있다. 이제 그 노래를 함께 불러보자!

이 몸의 소망 무언가 우리 주 예수뿐일세
우리 주 예수 밖에는 믿을 이 아주 없도다
주 나의 반석이시니 그 위에 내가 서리라
그 위에 내가 서리라

바라던 천국 올라가 하나님 앞에 뵈올 때
구주의 의를 힘입어 어엿이 바로 서리라
주 나의 반석이시니 그 위에 내가 서리라
그 위에 내가 서리라

성자 하나님의 구속

성령
하나님을
통한
거듭남

똑똑한 독자들은 이렇게 반문할 수 있다. "이 책의 논의가 너무 지적이고 명제적인 측면에 치우치는 것 아닙니까? 복음주의는 그저 우리가 믿어야 할 교리들의 목록을 열거하는 것 이상의 일이지 않나요?" 복음주의자들은 진리를 따르는 사람들이며, 성경책의 사람들이다. 성경은 우리의 인도자로서 하나님이 계시하신 진리들을 전해 준다. 따라서 진리들을 옹호할 때 우리의 목소리는 상당히 '명제적으로' 들릴 수 있다. 그런데 다른 한편으로 복음주의가 그저 우리가 따라야 할 교리들의 목록을 나열하는 수준을 넘어선다는 것도 **사실이다**. 그것은 단순히 정통 교리를 받드는 것 이상의 일이다. 마틴 로이드 존스는 참된 복음주의자들의 특징을 정의하면서 이렇게 언급했다. "우리는 그저 '정통 교리'가 무엇인지 설명하려는 것이 아니다. 우리는 영적으로 죽은 채 정통 교리를 말할 수도 있다. 따라서 나는 단순한 지적 신념들의 수준을 넘어서는 방식으로 진정한 복음주의의 성격을 제시하려 한다."[1]

이 로이드 존스의 말에는 복음주의의 본질적인 속성이 담겨 있다. 이 속성을 제대로 헤아리려면 마가복음 7장에 기록된 예수님과 바리새인들 사이의 논쟁을 살펴볼 필요가 있다. 이 본문의 중간 부분에서, 예수님은 이사야의 글을 인용

성령 하나님을 통한 거듭남

하면서 이렇게 말씀하신다.

이르시되 이사야가 너희 외식하는 자에 대하여 잘 예언하였도다. 기록하였으되 이 백성이 입술로는 나를 공경하되 마음은 내게서 멀도다. 사람의 계명으로 교훈을 삼아 가르치니 나를 헛되이 경배하는도다 하였느니라(막 7:6-7, 사 29:13에서 인용).

곧이어 예수님은 우리 마음의 문제를 지적하신다.

무리를 다시 불러 이르시되 너희는 다 내 말을 듣고 깨달으라. 무엇이든지 밖에서 사람에게로 들어가는 것은 능히 사람을 더럽게 하지 못하되 사람 안에서 나오는 것이 사람을 더럽게 하는 것이니라 하시고……속에서 곧 사람의 마음에서 나오는 것은 악한 생각 곧 음란과 도둑질과 살인과 간음과 탐욕과 악독과 속임과 음탕과 질투와 비방과 교만과 우매함이니 이 모든 악한 것이 다 속에서 나와서 사람을 더럽게 하느니라(막 7:14-15, 21-23).

예수님은 인간의 죄 때문에 종교가 공허한 겉치레가 될

복음의 사람들

수 있음을 아셨다. 그런 종교는 깊은 속마음의 문제들을 제대로 다루지 못한다. 복음주의자들은 이 바리새적인 위선을 지극히 경계해야 한다. 우리의 입술은 '정통적'일지 모르지만 우리 마음은 전혀 그렇지 않기 때문이다. 우리는 결코 **명제만을** 추구하는 사람들이 될 수 없다. 오히려 우리는 복음의 진리를 통해 우리 마음이 새로워지고(롬 12:2), 마침내 우리 삶 전체가 **변화되기를** 갈망한다. 제임스 패커는 복음주의를 이렇게 묘사했다. "그것은 더 넓고 보편적인 기독교의 중심에 자리 잡은 회심의 정신이다."[2] 우리는 그저 하나님에 관한 진리들을 알아내려 하는 것이 아니다. 우리는 인격적으로 그분 자체를 알게 되기를 갈구한다. 우리는 그저 성경이 우리 삶의 으뜸가는 권위이며 '그리스도 안에서 믿음으로 의롭다 함을 얻는다'는 것을 **선언하는** 데 그치지 않는다. 우리는 최상의 권위인 성경의 가르침에 실제로 **순복할** 뿐 아니라, 유일한 구주이신 그리스도 안에서 **기뻐하며** 온 마음으로 그분의 은혜와 능력을 찬송한다.

　　복음주의의 이 본질적인 특징은 흔히 '회심주의'(conversionism)라 불린다. 이는 데이비드 베빙턴이 처음 사용한 표현인데,[3] 그의 판단은 상당히 옳았다. 결국 복음주의의 역사는 계속되는 회심의 이야기들로 가득 차 있기 때문이다. 그

성령 하나님을 통한 거듭남

런데 이 모든 회심의 **배후에는** 하나의 진정한 원리가 자리 잡고 있다. 이는 곧 성령 하나님이 행하시는 **거듭남**의 사역이 우리에게 꼭 필요하다는 것이다.

길 잃은 자였으나

이 원리의 첫 부분은 우리의 절박한 **필요**에 대한 고백이다. 이는 존 뉴턴의 고전적인 복음주의 찬송가인 「나 같은 죄인 살리신」의 1절에서 잘 표현되었다.

나 같은 죄인 살리신
그 은혜 놀랍고 감미로워
길 잃은 자였으나 주님 찾았고
눈먼 자였으나 이제 주님 보네

복음주의자들은 이 찬송을 자신의 간증처럼 즐겨 부르는데, 이는 우리 자신이 그렇게 길을 잃고 눈먼 상태에서 건짐 받은 자들이기 때문이다. J. C. 라일은 이렇게 언급한다. "복음주의 신앙의 주된 특징은 **인간의 죄악 됨과 부패에 관한 교리를 깊이 강조하는 데** 있다."**4**

복음의 사람들

뉴턴과 라일이 파악했듯이, 복음주의자들은 자신이 다소 엇나간 삶을 살았다거나 영적인 이해력이 조금 더딘 편이었다고 여기는 데 그치지 않는다. 우리는 영적인 죽음의 상태에 있었으며, 이에 관해 바울은 이렇게 선포한다.

> 그는 허물과 죄로 죽었던 너희를 살리셨도다. 그때에 너희는 그 가운데서 행하여 이 세상 풍조를 따르고 공중의 권세 잡은 자를 따랐으니 곧 지금 불순종의 아들들 가운데서 역사하는 영이라. 전에는 우리도 다 그 가운데서 우리 육체의 욕심을 따라 지내며 육체와 마음의 원하는 것을 하여 다른 이들과 같이 본질상 진노의 자녀이었더니(엡 2:1-3).

이전에 우리는 그저 영적으로 '절뚝거렸던' 것이 아니다. 우리는 영적으로 철저히 죽어 있었다. 그때 우리는 하나님을 대적하는 삶을 살았으며(롬 8:7), 우리의 수치를 가려 주는 세상의 어둠을 본능적으로 추구했다(요 3:19, 고후 4:4). 우리가 다 히틀러나 스탈린처럼 지독한 악인이었다는 말은 아니다. 깊은 죄에 빠져 있더라도, 외관상 도덕적이고 흠 없는 삶을 살아갈 수 있다. 하지만 겉모습이 얼마나 선해 보이든 우리는 마음속으로 하나님을 향해 깊은 적개심을 품고 있었

성령 하나님을 통한 거듭남

다. 우리는 그분의 임재를 결코 바라지 않았으며, 세상의 죄를 깊이 갈망했다.

아우구스티누스는 자신의 『고백록』 전반부에서 이전에 영적으로 길을 잃고 방황했던 때의 일들을 깊이 숙고한다. 죄에 빠져 무기력하게 몸부림쳤던 자기 모습에 대한 그의 묘사는 복음주의자들에게 깊은 공감을 불러일으킨다. 예를 들어 그는 이렇게 언급한다.

> 오, 하나님! 내 마음을 굽어 살피소서. 이 깊은 심연에 빠진 내 마음을 불쌍히 여겨 주소서. 이제 내가 아무 이유 없이 행했던 그 악행의 동기를 당신 앞에 고백합니다. 그때 내 행실의 원인은 오직 악한 의지 그 자체였습니다. 그 의지는 실로 혐오스러웠지만, 나는 그것을 사랑했습니다. 나는 자신의 파멸과 부패를 즐겼습니다. 어떤 사물을 추구했기에 그런 상태에 빠진 것이 아니라, 자신의 망가진 상태 그 자체를 기뻐했던 것입니다. 이는 내가 영적으로 심히 타락한 자였기 때문입니다. 나는 당신의 크신 손길을 저버리고 파멸의 심연으로 빠져들었습니다. 사악한 행실을 통해 얻게 될 어떤 유익을 원해서가 아니라, 그 악함 자체를 갈망했기 때문입니다.[5]

복음의 사람들

우리가 이처럼 죄에 무력하게 중독되어 있다는 깨달음은 종교개혁의 원동력이 되었다. 루터는 이 사안을 "지금 논쟁 중인 문제의 본질이자……모든 것이 달린 질문…… 핵심적인 관심사"라고 불렀다.[6] 그는 인간이 스스로 죄에서 벗어날 능력을 지닌다는 가르침을 받으면서 자랐다. 하지만 자신의 고통스러운 경험과 성경 읽기를 통해, 그는 그것과 상반되는 확신을 품게 되었다. 1517년, 유명한 95개조 논제를 게시하기 몇 주 전에 루터는 그 바탕이 되는 97개조 논제를 작성하면서 이렇게 기록했다.

> 인간은 본성상 하나님의 하나님 되심을 원할 수 없다. 그는 스스로 신이 되려 하며, 하나님의 존재를 인정하지 않으려 한다.……따라서 그분의 은혜가 없이는 어떤 식으로도 율법을 성취할 수 없다.[7]

루터는 우리 인간이 이처럼 무능력하기 때문에 우리가 "의로운 행실을 통해 스스로를 의롭게" 만들 수 없다고 가르쳤다. 오히려 하나님이 우리를 "의롭게 해" 주셔야만 한다는 것이다.[8] 이를 위해 "성령의 사역을 통해 우리 마음속에 널리 확산되는 하나님의 사랑"이 필요하다.[9] 루터는 인간이 스

성령 하나님을 통한 거듭남

스로를 구원할 수 없음을 깨달았다. 우리의 문제가 너무 깊고도 심각하기 때문이다. 지금 우리 마음은 하나님을 떠나서 철저히 그릇된 방향으로 기울어져 있다. 따라서 우리가 어떤 노력을 기울이든, 불경건하게 자신을 신격화하는 그 마음의 성향을 따라가게 될 뿐이다. 지금 우리에게 필요한 것은 그저 피상적인 자기 계발이 아니다. 오히려 **철저하고도 근본적인 혁신**이 요구된다. 우리에게는 하나님을 기꺼이 사랑하며 기뻐하는 새 마음이 필요하다.

새로운 탄생

J. C. 라일에 따르면, "복음주의 신앙의 주요 특징 중 하나는 **우리 마음속에서 성령이 행하시는 내적인 사역을 강조하는 데 있다.**"[10] 이것은 이상한 일이 아니다. 성령님이 우리 안에 새 마음을 주신다는 약속은 새 언약의 중요한 특징이기 때문이다.

그러나 그날 후에 내가 이스라엘 집과 맺을 언약은 이러하니 곧 내가 나의 법을 그들의 속에 두며 그들의 마음에 기록하여 나는 그들의 하나님이 되고 그들은 내 백성이 될 것이

복음의 사람들

라. 여호와의 말씀이니라. 그들이 다시는 각기 이웃과 형제를 가리켜 이르기를 너는 여호와를 알라 하지 아니하리니 이는 작은 자로부터 큰 자까지 다 나를 알기 때문이라. 내가 그들의 악행을 사하고 다시는 그 죄를 기억하지 아니하리라. 여호와의 말씀이니라(렘 31:33-34).

새 영을 너희 속에 두고 새 마음을 너희에게 주되 너희 육신에서 굳은 마음을 제거하고 부드러운 마음을 줄 것이며 또 내 영을 너희 속에 두어 너희로 내 율례를 행하게 하리니 너희가 내 규례를 지켜 행할지라(겔 36:26-27).

예수님은 니고데모에게 이렇게 말씀하셨다. "내가 네게 거듭나야 하겠다 하는 말을 놀랍게 여기지 말라"(요 3:7). 이는 구약의 선지자들이 거듭남의 필요성을 분명히 가르쳤기 때문이다. 태초에 성령님이 물 위를 운행하면서 온 세상에 생명력을 불어넣으셨듯이(이 때문에 니케아 신경에서도 그분을 "생명의 수여자"라 지칭한다), 우리가 새 생명을 얻으려면 그분의 역사가 필요하다. 우리가 그리스도인이 되기 위해서는 그리스도와 연합해야 한다. 그때에 다음과 같은 성경의 약속이 성취되기 때문이다. "누구든지 그리스도 안에 있으면 새로운

성령 하나님을 통한 거듭남

피조물이라. 이전 것은 지나갔으니 보라 새 것이 되었도다"
(고후 5:17). 바울은 이렇게 선언한다.

> 무릇 그리스도 예수와 합하여 세례를 받은 우리는 그의 죽
> 으심과 합하여 세례를 받은 줄을 알지 못하느냐. 그러므로
> 우리가 그의 죽으심과 합하여 세례를 받음으로 그와 함께
> 장사되었나니 이는 아버지의 영광으로 말미암아 그리스도
> 를 죽은 자 가운데서 살리심과 같이 우리로 또한 새 생명 가
> 운데서 행하게 하려 함이라(롬 6:3-4).

우리 그리스도인들이 거듭날 때, 그리스도의 부활에 참
여하게 된다. 이는 성부 하나님이 그분의 큰 자비로써 "예수
그리스도를 죽은 자 가운데서 부활하게 하심으로 말미암아
우리를 거듭나게 하사 산 소망이 있게" 하시기 때문이다(벧전
1:3).

아우구스티누스는 『고백록』에서 이 거듭남의 진리를 아
름답게 서술하고 있다. 먼저 자신의 본성적인 죄와 무능력을
언급한 뒤, 그는 하나님이 자기 마음을 새롭게 해주신 일을
다음과 같이 묘사한다.

복음의 사람들

주님, 당신은 선하고 자비로우십니다. 주께서는 오른손을 내 죽음의 심연 위에 펼치셔서 내 마음 깊은 곳에 있는 부패의 구덩이를 제거하셨습니다. 그리하여 나는 지금껏 추구해 온 모든 일을 내려놓고, 당신이 뜻하시는 일들을 원하게 되었습니다. 오, 나의 도움이자 구속자이신 예수 그리스도시여! 그 길고도 험했던 세월 동안에, 내 자유의지는 과연 어디에 있었던 것일까요? 주님은 일순간에 그 의지를 깊고 은밀한 곳에서 불러내어, 나로 당신의 인자한 멍에를 메며 가벼운 짐을 지게 하셨습니다. 이전의 어리석은 행실을 떨쳐 버리는 일이 얼마나 감미롭게 여겨졌는지요! 이전에 나는 그 일들을 내려놓기를 몹시 꺼렸지만, 이제는 그 일이 실로 기쁘게 다가왔습니다. 이는 주께서 친히 내 안에 역사하셔서 그 일들을 떨쳐 버리게 하셨기 때문입니다. 주님, 당신은 지극히 감미롭고 참된 우리 영혼의 주관자이십니다! 이제 주께서 친히 내 안에 들어오셔서 좌정하고 계심을 고백합니다. 주님은 세상의 어떤 쾌락보다 더 사랑스러우신 분입니다.[11]

이때 아우구스티누스가 그저 더 나은 삶을 살기로 마음먹었던 것이 아니다. 오히려 그의 존재 깊은 곳에 있는 무언

성령 하나님을 통한 거듭남

가가 근본적으로 변화되었다. 이는 하나님이 성령의 역사를 통해 그의 마음속 갈망 자체를 바꾸어 놓으셨기 때문이다. 이제 그는 죄 대신에 하나님을 사랑하고 추구하며, 하나님 대신에 죄를 미워하게 되었다.

루터도 로마서 1:17을 묵상할 때 겪었던 자신의 '탑 체험'을 서술하면서 이렇게 언급한다.

하나님의 자비에 힘입어 밤낮으로 말씀을 묵상하다가, 나는 마침내 한 본문에 마음을 쏟게 되었다. 그것은 다음의 말씀이었다. "복음에는 하나님의 의가 나타나서……기록된 바 오직 의인은 믿음으로 말미암아 살리라 함과 같으니라." 그때 나는 하나님이 값없이 의를 베푸시며, 우리는 오직 믿음으로 그 의를 받아 누린다는 것을 깨닫기 시작했다. 이 말씀의 의미는 이렇다. '하나님의 의가 복음을 통해 드러났는데, 그것은 자비하신 하나님이 믿음으로 우리를 의롭다 하시는 수동적인 의다. 이는 오직 의인은 믿음으로 말미암아 살리라고 기록된 것과 같다.' 이때의 경험은 마치 내 심령이 완전히 거듭나서 열린 문을 통해 낙원에 들어가는 것 같았다.[12]

복음의 사람들

이후 루터의 로마서 주석은 존 웨슬리의 마음에 "기이한" 감동을 주었다. 웨슬리는 1738년 5월 24일의 일기에 이렇게 기록했다.

저녁에 나는 내키지 않는 마음으로 올더스게이트 거리의 한 모임에 참석했다. 그곳에서는 누군가가 루터의 로마서 주석 서문을 낭독하고 있었다. 8시 45분경, 그는 하나님이 그리스도에 대한 믿음을 통해 신자들의 마음속에 일으키시는 변화를 묘사한 부분을 읽어 나갔다. 그때 나는 자신의 마음이 기이하게 따스해지는 것을 느꼈으며, 나 자신의 구원을 위해 그리스도만을 의지하고 있음을 생생히 자각했다. 그러고는 그분이 내 모든 죄를 제거하시고 나를 죄와 사망의 법에서 건져 주셨음을 확신하게 되었다.[13]

이후 웨슬리는 새로운 탄생을 다룬 설교에서 이렇게 언급했다.

기독교에서 근본적이라고 일컬을 만한 가르침이 있다면, 그것은 바로 이 두 가지, 곧 칭의와 거듭남의 교리입니다. 칭의는 하나님이 **우리를 위해** 행하시는 위대한 사역이며,

성령 하나님을 통한 거듭남

이를 통해 우리 죄가 용서받습니다. 그리고 거듭남은 하나님이 **우리 안에서** 행하시는 놀라운 사역입니다. 이를 통해 우리의 타락한 본성이 새로워집니다.**14**

루터와 웨슬리 모두의 경우에, 성령님이 그들을 거듭나게 하는 일에 사용하신 것은 곧 오직 믿음으로 의롭다 함을 얻는다는 성경의 복된 소식이었다.

복음주의자들은 **"성령으로 난"** 이들이다(요 3:6, 8). 따라서 복음주의자가 되는 것은 그저 복음주의 문화권에서 출생하거나 복음주의 교회에서 세례 받는 일보다 훨씬 더 많은 것을 함축한다. 물론 물 세례는 예수님이 친히 제정하고 명령하신 일이므로, 우리 복음주의자들에게도 중요한 의미가 있다(마 28:19). 하지만 세례가 저절로 영적인 거듭남을 가져오는 것은 아니다. 세례는 거듭남의 외적인 표식이지만, 그 표식과 그것이 가리키는 실체인 거듭남 자체를 서로 혼동해서는 안 된다. 거듭남은 성령님의 신적인 사역이기 때문이다. 하나님은 이 일을 통해 우리에게 새로운 영적 생명을 베푸시며, 우리 마음속에 근본적인 변화를 일으키신다.

분명히 말하자면, 중요한 것은 회심의 **체험** 자체가 아니다. 우리가 다 루터나 웨슬리처럼 하나님이 자기에게 새 생

복음의 사람들

명을 주신 순간을 뚜렷이 지목할 수는 없다. 중요한 것은 하나님이 우리에게 새 생명을 주셨다는 사실이며, 그 생명은 우리가 진심으로 죄를 회개하고 그분께 예배하는 모습을 통해 구체적으로 드러난다. 여기서 우리는 '회심'보다 '거듭남'을 복음주의의 근본 원리로 여기는 편이 더 유익한 또 다른 이유를 보게 된다. 회심에 초점을 둘 때, 우리는 주로 개인의 극적인 **체험**을 추구하는 조작적인 문화에 사로잡힐 수 있다. 하지만 건전한 복음주의에서는 늘 성령 하나님의 사역에 따른 거듭남을 더 중요한 문제로 여겨 왔다. 이 참된 거듭남은 우리 스스로 만들어 낼 수 있는 것이 아니다. 그것은 오직 복음을 통해 이루어지는 하나님의 사역이며, 복음은 "모든 믿는 자에게 구원을 주시는 [그분의] 능력"이다(롬 1:16).

이 거듭남의 중요성을 헤아릴 때, 우리는 복음주의자들이 전통적으로 전도에 관심을 쏟았던 이유를 알게 된다.[15] 이처럼 사람들이 스스로를 구원할 수 없으며 거듭나야 하는 죄인이라면, 그들은 구원의 복음을 들어야만 한다. 복음주의자들은 그 구원의 메시지를 전하고 나눌 필요성을 깊이 느껴 왔다. 우리의 전도는 죄인을 거듭나게 하시는 성령 하나님의 사역을 통해 나타나는 열매이다. 죽음에서 부활하신 날 저녁에, 예수님은 복음 전도가 성령의 능력 안에서 이루어지는

성령 하나님을 통한 거듭남

것임을 보여주셨다.

> 예수께서 또 이르시되 너희에게 평강이 있을지어다. 아버지께서 나를 보내신 것 같이 나도 너희를 보내노라. 이 말씀을 하시고 그들을 향하사 숨을 내쉬며 이르시되 성령을 받으라(요 20:21-22).

성령님이 주시는 새 생명은 곧 성자 하나님의 생명이다. 결국 성령님은 성자 하나님의 영이시기 때문이다(갈 4:6). 성령님은 하나님의 자녀인 우리에게 성자 하나님의 마음을 부어 주시며, 세상을 향한 그분의 깊은 연민과 관심을 공유하게 하신다. 그리하여 우리는 성령님의 능력을 힘입어, 하나님의 사랑이 담긴 마음으로 복음의 메시지를 전하게 된다(마 12:34, 롬 5:5).

1989년에 열린 제2차 로잔 세계 복음화 국제 대회에서는 마닐라 선언문이 발표되었다. 이 선언문에는 '복음 전도자이신 하나님'이라는 제목의 단락이 포함되어 있는데, 그 내용은 다음과 같다.

> 성경은 하나님 자신이 주된 복음 전도자이심을 선포한다.

복음의 사람들

하나님의 영은 진리와 사랑, 거룩함과 능력의 영이시며, 그분이 없이는 전도가 불가능하기 때문이다. 성령님은 말씀의 종들에게 기름을 부으시고 그 내용을 확증하시며, 그 메시지를 듣는 이들의 마음을 준비시키신다. 또 그분은 우리 죄를 일깨우시고 눈먼 자들을 보게 하시며, 영적으로 죽은 자들에게 생명을 주신다. 성령님은 우리로 회개하고 복음을 믿게 하시며, 우리를 그리스도의 몸에 연합시키고 우리가 하나님의 자녀임을 확인시켜 주신다. 그분은 우리를 인도하여 그리스도를 닮은 성품과 섬김의 자리로 나아가게 하시며, 우리를 보내어 그리스도를 증언하게 하신다. 이 모든 일에서, 성령님의 주된 관심사는 예수 그리스도를 우리 앞에 드러내시고 그분의 형상이 우리 안에 자리 잡게 함으로써 그리스도를 영화롭게 하시는 데 있다.[16]

새로운 삶

성령님이 행하시는 사역의 목적은 그저 우리를 거듭나게 하는 데 머물지 않는다. 그분의 진정한 목적은 그 일을 통해 우리를 새롭고 영원한 삶 가운데로 인도하시는 것이다. 우리 안에서 선한 일을 시작하신 그분은 마침내 그 일을 완

성령 하나님을 통한 거듭남

성하실 것이며(빌 1:6), 모든 수준에서 우리를 그리스도의 형상으로 변화시켜 언젠가는 우리의 연약한 몸도 부활하신 그분의 영광스러운 몸과 같이 되게 하실 것이다. 따라서 우리는 성령님께 의존해서 살아가며, 그분의 뜻을 힘써 따라야 한다(갈 5:25). J. C. 라일은 이렇게 언급한다. "복음주의 신앙의 마지막 특징은 **인간의 삶에서 나타나는 성령님의 외적이고 가시적인 사역을 중시하는 데 있다.**"[17]

로마서 8장에서 사도 바울은 성령 안에 있는 신자들의 삶을 이렇게 묘사한다.

이제 그리스도 예수 안에 있는 자에게는 결코 정죄함이 없나니 이는 그리스도 예수 안에 있는 생명의 성령의 법이 죄와 사망의 법에서 너를 해방하였음이라. 율법이 육신으로 말미암아 연약하여 할 수 없는 그것을 하나님은 하시나니 곧 죄로 말미암아 자기 아들을 죄 있는 육신의 모양으로 보내어 육신에 죄를 정하사 육신을 따르지 않고 그 영을 따라 행하는 우리에게 율법의 요구가 이루어지게 하려 하심이니라. 육신을 따르는 자는 육신의 일을, 영을 따르는 자는 영의 일을 생각하나니 육신의 생각은 사망이요 영의 생각은 생명과 평안이니라. 육신의 생각은 하나님과 원수가 되

복음의 사람들

나니 이는 하나님의 법에 굴복하지 아니할 뿐 아니라 할 수
도 없음이라(롬 8:1-7).

그 삶은 우리가 그리스도 안에서 정죄로부터 해방되는
데서 시작한다. 우리 스스로는 율법을 성취할 수 없었지만,
그리스도께서 그 일을 이루신다. 그분은 율법의 명령을 다
만족시키시고 우리가 받아야 할 정죄를 대신 감당하셨다(3
절). 그런데 주님이 이렇게 행하신 이유는 우리가 이전의 모
습 그대로 살아가도록 방치하려는 데 있지 않았다. 오히려
그분은 "율법의 의로운 요구가 **우리 안에서** 이루어지기를"
바라셨다(4절, ESV).

이 요구가 어떻게 **우리 안에서** 성취되는 것일까? 먼저
이 일은 우리가 성령님을 따라 행할 때 이루어진다(4절). 이
제 우리는 율법의 정죄에서 해방되었으며, 실제로 그 율법
의 요구를 따라 행하기 시작한다. 이는 성령님이 우리 안에
서 역사하시기 때문이다. 이를 통해 우리의 삶이 변화된다.
나아가 우리 마음속에서 더욱 심오한 일이 일어나는데, 이는
다음의 말씀에 담긴 내용과 같다. "영을 따르는 자는 영의 일
을 생각하나니"(5절). 여기서는 성령님이 우리 안에서 행하
시는 이 '심오한' 일을 자세히 살펴볼 가치가 있다. 율법의 첫

성령 하나님을 통한 거듭남

요구는 이것이다. "너는 마음을 다하고 뜻을 다하고 힘을 다하여 네 하나님 여호와를 사랑하라"(신 6:5). 예수님은 이것을 "크고 첫째 되는 계명"이라 부르시고, 곧이어 이렇게 말씀하셨다. "둘째도 그와 같으니 네 이웃을 네 자신같이 사랑하라 하셨으니 이 두 계명이 온 율법과 선지자의 강령이니라"(마 22:38-40). 그리고 바울은 이렇게 선포한다. "사랑은 율법의 완성이니라"(롬 13:10). 이처럼 하나님과 이웃에 대한 사랑이 없이는 우리 안에서 율법이 성취될 수 없다. 그리고 성령님은 신자들의 삶 속에서 바로 이런 변화를 이루어 가신다.

그러므로 단순히 의롭다 함을 입은 상태에만 머무는 그리스도인들은 없다. 성령님의 사역으로 거듭난 신자들은 그분의 인도하심을 따라 살아가며, 이전과는 다른 방식으로 사랑하고 생각하며 행동하게 된다. 이런 이유로 복음주의 운동은 그저 교리에만 관심을 두어 본 적이 없었다. 참된 복음주의자들은 자기 삶에 그 신학을 적용해야 한다. 따라서 그들은 '정통'(orthodoxy, 바른 교리)과 '정행'(orthopraxy, 바른 실천)과 '정심'(orthocardia, 바른 마음) 모두에 관심을 쏟게 된다. 우리는 정의를 행하고 인자를 사랑하며 겸손히 하나님과 동행하는 백성이 되어야 한다(미 6:8).

앞에서 우리는 아우구스티누스의 『고백록』을 통해, 그

복음의 사람들

가 죄에 빠져 헤매다가 마음이 새롭게 변화된 이야기를 살폈다. 그는 방황하던 이전의 삶과 새 삶 사이의 주된 차이점이 사랑의 대상에 있었음을 분명히 한다. 그에 따르면 사람은 누구나 자신이 사랑하는 대상에게 끌리게 되어 있다. 당시 그는 죄를 갈망하던 상태를 벗어나 하나님을 사랑하는 사람으로 변화되었다. 그는 이렇게 언급한다.

물체는 각자의 무게 때문에 그 고유의 자리로 이끌립니다. 이때 각 물체는 그저 아래로 향하기만 하는 것이 아니라, 자신의 합당한 자리로 움직입니다. 예를 들어 불은 위로 치솟고, 돌은 아래로 떨어지는 것이지요. 이처럼 각 사물은 자신의 무게에 이끌려서 원래의 자리를 찾아갑니다. 물 위에 기름을 부을 때, 그 기름은 수면 위로 떠오를 것입니다. 하지만 물을 기름 위에 부을 경우, 그것은 기름 아래로 가라앉습니다. 이런 식으로 각자의 자리를 찾습니다. 그것들은 제자리를 떠나면 불안정해지지만, 다시 제자리로 돌아가면 안정된 상태에 머뭅니다. 그리고 내 영혼의 무게는 내가 사랑하는 대상 속에 있습니다. 내가 어디로 향하든지, 나를 이끌어가는 것은 바로 이 무게입니다.[18]

성령 하나님을 통한 거듭남

역설적이게도 마르틴 루터는 아우구스티누스 수도회 소속 수사였지만 처음에는 아우구스티누스의 통찰을 이해하지 못했다. 인간 자신의 선행만으로 율법을 만족시킬 수 있다고 여겼기 때문이다. 루터는 자신의 신학을 따라 진지하게 행했지만, 그 실천은 복음적인 것이 아니었다. 온갖 노력을 쏟은 후에야 루터는 자신이 율법의 요구대로 하나님을 사랑하는 데서 더욱 멀어졌음을 발견했다. 당시 그는 하나님을 냉혹하고 무자비한 분으로 묘사하면서 이렇게 고백했다. "나는 의로우신 하나님을 전혀 사랑하지 않았다. 그분을 지독히 미워했다."**19** 그러나 "그리스도 예수 안에 있는 자에게는……정죄함이 없나니"(롬 8:1)라는 말씀의 뜻을 깨달았을 때, 그는 "성령을 좇아 행하는" 일이 무엇인지를 비로소 헤아리게 되었다(롬 8:4). 자신의 로마서 주석 서문에서, 그는 이 깨달음을 이렇게 표현했다. (이것은 웨슬리가 올더스게이트 거리의 모임에서 접했던 **바로** 그 서문이다.)

신자들이 불편한 마음으로 마지못해 어떤 일을 행한다면, 어떻게 그 일이 하나님을 기쁘시게 할 수 있겠는가? 우리가 율법의 요구를 만족시키기 위해서는 사랑과 기쁨으로 그 계명들을 준행해야 한다. 그리고 외적인 율법의 압박이

복음의 사람들

없더라도, 기꺼이 경건하고 선한 삶을 살아가야 한다. 이렇게 율법의 요구를 기뻐하며 사랑하게 만드시는 것은 곧 성령님의 사역이다.[20]

달리 말해 '바른 마음'이 없이는 '바른 교리'나 '바른 실천'이 존재할 수 없다. 복음주의자들은 그저 옳은 교리를 따르거나 종교적인 일들을 행하는 데 만족해서는 안 된다. 우리는 성령 안에서 거듭난 이들로서, 영적인 위선과 공허함을 모두 떨쳐 내야 한다. 우리는 하나님과 이웃을 깊이 사랑하면서, "그리스도 예수로 자랑하고 육체를 신뢰하지 아니하는" 삶을 살아가야 한다(빌 3:3).

거룩함에 대한 복음주의적 이해와 다른 이해들 사이의 차이점은 17세기 잉글랜드의 청교도들과 찰스 1세 당시의 고교회(high-church, 교회의 위계질서와 성례 등을 중시하는 성공회 내의 분파—옮긴이)에 속했던 신학자들을 대조해 볼 때 잘 드러난다. 당시 가장 영향력 있는 고교회의 신학자는 캔터베리 대주교인 윌리엄 로드(1573-1645)였다. 로드는 이른바 '거룩함의 미학'(the beauty of holiness)을 사랑했는데, 이는 질서 정연한 의례를 뜻하는 표현이었다. 그는 성직자들이 잉글랜드 국교회 기도서의 모든 규정을 엄격히 지킬 것을 주장했

성령 하나님을 통한 거듭남

으며, 성직자의 복장이나 교회 건물의 유지와 관리, 그 건물들의 외적인 아름다움 등에 깊은 관심을 품었다. 그리고 그가 선호하는 특정한 건축 양식이 있었다. 종교개혁을 '변질'(Deformation)이라 부르면서 경멸했던 그는 새 교회들을 종교개혁 이전의 고딕 양식으로 지었으며, 성찬대보다 제단을 강조하는 건축 방식을 택했다. 그는 이렇게 언급했다. "제단은 세상에 하나님이 임하시는 가장 위대한 장소로서, 설교단보다 더 고귀하다. 우리는 제단에서 이렇게 선포한다. '혹 에스트 코르푸스 메움'(*Hoc est corpus meum*, 이것은 나의 몸이다). 이에 반해 설교단에서는 기껏해야 이렇게 설파하게 될 뿐이다. '혹 에스트 베르붐 메움'(*Hoc est verbum meum*, 이것은 나의 말이다)." 이는 그의 신학을 잘 드러내는 구절이다. 로드는 설교단보다 제단을 우선시했기에, 그리스도의 완성된 사역보다 성직자들의 지속적인 중재를 중시하는 성향을 보였다. 이처럼 의식과 건축, 올바른 예전을 강조했던 그의 태도 가운데는 인간의 변화가 외부로부터 이루어진다는 고교회 신학자들의 생각이 담겨 있었다. 그들은 각 사람의 인격적인 신앙보다 외적인 일을 바르게 행하는 것을 더 강조했다. 올바른 복장과 행위, 적절한 몸가짐 등이 그들의 주된 관심사였던 것이다.

복음의 사람들

청교도들 역시 전례를 중시했으며(결국 잉글랜드 국교회의 첫 기도서를 작성한 이도 종교개혁자였다), 그릇된 행실로 사람들의 오해를 사기를 바라지 않았다. 하지만 그들은 복음이 고교회 신학자들의 이해와는 다른 방식으로 역사한다고 여겼기에, 로드처럼 예식에 깊은 관심을 쏟지 않았다. 그들에 따르면, 우리에게 필요한 것은 외적인 행실보다 먼저 영적인 거듭남과 하나님을 사랑하는 새 마음이었다. 그들은 특정한 관행을 유지하는 것보다 마음의 회심을 더 중요시했다. 이는 성령님이 외부로부터가 아니라(outside in) 내부로부터(from the inside-out) 우리를 변화시키시기 때문이다. 따라서 청교도들은 죄인들을 감동시켜 그리스도께로 나아가게 만드는 설교의 우선성을 강조했다. 그들에게는 제단보다 설교단이 더 중요했는데, 그곳이 인간의 마음을 회심시키는 하나님의 능력인 복음의 메시지가 선포되는 장소이기 때문이다. 청교도 목회자인 리처드 십스는 이렇게 말한다.

우리가 어떤 외적인 일을 행하기는 그리 어렵지 않다. 하지만 자칫 위선에 빠질 수 있다. 우리가 옷을 찢고 눈물을 흘리는 것은 쉬운 일이지만, 깊은 영혼의 가책을 감내하는 것은 그렇지 않다. 우리는 흔히 힘들고 어려운 길 대신에 손

성령 하나님을 통한 거듭남

쉬운 길을 선택한다. 이는 그 길을 통해서도 하나님을 기쁘시게 할 수 있다고 믿기 때문이다. 하지만 하나님은 그런 식의 섬김을 받아 주지 않으신다. 우리의 행실 속에 진심이 담겨 있지 않다면, 이는 하나님 앞에 몹시 혐오스러운 일일 뿐이다. 우리는 그분 앞에서 겸손한 몸가짐을 갖추는 동시에, 진실로 자신을 낮추어야 한다. 하나님께로 나아갈 때, 우리는 자기 옷이 아닌 마음을 찢어야 한다.[22]

물론 청교도들 역시 외적이며 가시적인 거룩함을 갈망했다. 하지만 그 거룩함은 그들 자신의 깊은 속마음에 뿌리를 둘 때만 가치 있는 것이었다. 그들은 그저 허울뿐인 경건의 겉모습을 추구하지 않았다.

새 백성

안타깝게도 복음주의자들은 신앙의 측면에서 종종 개인주의적인 성향을 드러내 왔다. 하지만 지금 복음주의자들이 보여주는 모습만 가지고 진정한 복음주의의 정체성을 규정하려 해서는 안 된다. 오히려 우리는 복음 자체에 근거해서 그 운동의 정체성을 파악해야 한다. 복음주의자들은 '성

복음의 사람들

령으로 거듭난' 이들인데, 이때 그 '거듭남'은 '그리스도의 몸 안으로 태어났거나 세례를 받았음'을 의미한다(롬 6:3, 갈 3:27). 거듭남의 순간부터 우리는 '그리스도의 몸'이라는 더 큰 전체의 일부분이 된다(롬 12:5, 고전 12:13).

제임스 패커의 지적처럼, 이제 우리가 성령 안에서 살아가는 새 삶의 중요한 부분은 그리스도의 몸 안에서 다른 이들과 나누는 교제에 있다.[23] 그런데 이 교제가 진실로 **복음적인** 것이 되려면, 우리가 경험하는 연합의 토대가 어떤 정치적 의제나 세상의 정체성이 아닌 복음 자체에 있어야 한다. 에베소서에서 사도 바울은 유대인과 이방인들이 어떻게 그리스도 안에서 한 몸을 이루는지 언급한다.

그는 우리의 화평이신지라. 둘로 하나를 만드사 원수 된 것 곧 중간에 막힌 담을 자기 육체로 허시고 법조문으로 된 계명의 율법을 폐하셨으니 이는 이 둘로 자기 안에서 한 새 사람을 지어 화평하게 하시고 또 십자가로 이 둘을 한 몸으로 하나님과 화목하게 하려 하심이라. 원수 된 것을 십자가로 소멸하시고 또 오셔서 먼 데 있는 너희에게 평안을 전하시고 가까운 데 있는 자들에게 평안을 전하셨으니 이는 그로 말미암아 우리 둘이 한 성령 안에서 아버지께 나아감을 얻

성령 하나님을 통한 거듭남

게 하려 하심이라. 그러므로 이제부터 너희는 외인도 아니요 나그네도 아니요 오직 성도들과 동일한 시민이요 하나님의 권속이라. 너희는 사도들과 선지자들의 터 위에 세우심을 입은 자라. 그리스도 예수께서 친히 모퉁잇돌이 되셨느니라(엡 2:14-20).

그리스도 예수께서 이 교제의 모퉁잇돌이시며, 그분의 가르침은 우리 안에 있는 연합의 토대다. 이제 우리는 주 예수 그리스도의 십자가 외에는 자랑할 것이 없는 이들이다(갈 6:14). 따라서 그분의 몸인 교회 안에 어떠한 계급의 차이나 분리가 있어서는 안 된다.

물론 이 일은 우리에게 쉽거나 자연스럽지 않다. 우리는 모두 자신의 특정한 문화적인 정체성을 지닌 채 교회 안에 들어오기 때문이다. 우리는 이 정체성을 복음의 내용과 쉽게 혼동한다. 따라서 교회는 그저 회원들의 민족성이나 계층, 정치 성향 등에 의해 규정되는 또 하나의 모임 혹은 단체로 여겨질 수 있다. 콘래드 음베웨는 이렇게 경고한다. "우리가 속한 교회의 회원 자격을 하나의 종족이나 민족 공동체에 국한해서는 안 된다."[24] 교회가 이런 정체성들에 근거해서 규정될 때, **복음적인** 성격을 잃고 만다. 복음주의자들은 성령님의

복음의 사람들

인도 아래서 각자의 개인적인 죄와 씨름할 뿐 아니라, 복음 외의 무언가를 연합의 토대로 삼으려는 집단 전체의 죄와도 싸워야 한다. 성령으로 거듭난 이들은 모두 그리스도 예수 안에서 하나이며, 그들을 하나로 연합시키는 토대는 다른 어떤 정체성이 아닌 **오직** 그리스도 예수뿐이다(갈 3:27-28). 우리는 이 성경의 진리를 자신과 공동체의 삶 속에서 구체적으로 살아내야 한다. 그럴 때 비로소 복음이 이 세상에 화평을 가져다줄 유일한 소망임을 증언하게 된다. 실로 그것은 유대인과 이방인, 남자와 여자, 흑인과 백인, 부자와 가난한 자 모두를 하나님의 복된 가족 안으로 인도하는 메시지다.

113

성령 하나님을 통한 거듭남

복음의
사람들이
되는 일의
중요성

신약 성경은 복음의 사람들이 되는 일의 중요성에 관해 많은 것을 언급한다.

예를 들어 로마서의 주제는 **복음**의 메시지와 **복음의 사람들**이 되는 일의 의미에 집중되어 있다. 1-11장에서 바울은 "하나님이 선지자들을 통하여……성경에 미리 약속하신" 복음의 내용을 서술한다(1:1-2). 그것은 "그의 아들에 관[한]" 좋은 소식(1:3)으로, 그분은 마지막 아담(5:12-21)이자 우리의 유일한 소망이다. 그리고 복음은 "그리스도 안에 있는 속량"에 관한 기쁜 소식이기도 하다. 하나님은 그 아들을 "화목제물"로 세우셔서, 우리 죄가 "그의 피"로 씻김 받게 하셨다(3:24-25). 로마서에서 우리는 다음의 구절을 접하게 된다.

의인은 없나니 하나도 없으며

깨닫는 자도 없고 하나님을 찾는 자도 없고

다 치우쳐 함께 무익하게 되고(3:10-12).

하지만 이런 죄인들(8:7)도 "진노하심에서 구원을 받을" 수 있다(5:9). 죄인들도 "그리스도 예수 안에 있는 속량으로 말미암아 하나님의 은혜로 값없이 의롭다 하심을 얻[게]" 되는 것이다(3:24). 우리는 복음을 통해 거듭나서 그리스도의

복음의 사람들이 되는 일의 중요성

죽으심과 부활에 연합하게 된다(6:3-4). 그리하여 정죄에서 해방되며(8:1), "성령의 인도를 좇아" 새 삶을 살아가게 된다 (8:4, ESV). 진실로 예수님을 믿는 이들은(그들이 유대인이든 이 방인이든) 참된 하나님의 사람들이 된다. 이들은 곧 "믿음에서 난 의"를 얻은 백성이다(9:30, 10:9-13 참조).

지나친 단순화의 위험이 있지만, 우리는 로마서 1-11장 의 내용을 이렇게 요약할 수 있다.

* 1-4장은 성자 하나님이 길 잃은 죄인들을 구속하신 일을 다룬다. 그들은 오직 은혜로 의롭다 하심을 얻었다.
* 5-8장은 성령 하나님이 우리를 거듭나게 하시는 일을 다룬다. 그분은 영적으로 죽은 자들을 살리시며, 죄인들에게 새 생명을 주신다. 그리하여 우리는 성령 안에서 살아가게 된다.
* 9-11장은 성부 하나님이 주신 계시의 말씀을 다룬다. 여기에는 "하나님의 말씀이 폐하여진 것 같지 않도다"(9:6)라는 진술을 성경적으로 옹호하는 내용이 담겨 있다.

12장부터 바울은 로마의 그리스도인들을 향해 변화된 복음의 사람들답게 살아갈 것을 권면한다. 특히 그는 그들

복음의 사람들

이 **각기 다른 은사를 지녔지만**(12:3-8), "형제를 사랑하여 서로 우애[할]" 것을 당부했다(12:10, 12:13-21, 13:8-14). 바울은 그들이 동일한 복음을 따르지만, 몇몇 사안에 관해서는(예를 들어 음식과 절기 문제 등) 이견이 있을 것임을 헤아리고 있었다. 그는 그들에게 그런 문제들 때문에 서로 판단하거나 근심시키지 말라고 권고했다(14장). 여기서 눈에 띄는 것은 갈라디아 교회의 신자들이 "다른 복음"(갈 1:6)을 좇는 문제를 지적했던 때와는 전혀 다른 어조로 권면한다는 점이다. 바울의 관점에서 복음 자체의 내용을 변질시키는 것은 절대로 용납할 수 없는 일이었다. "우리나 혹은 하늘로부터 온 천사라도 우리가 너희에게 전한 복음 외에 다른 복음을 전하면 저주를 받을지어다"(갈 1:8). 하지만 로마서 14장에서 바울이 언급하는 불일치의 원인은 복음 자체에 있지 않았다. 복음 자체의 내용에 관해서는 우리가 서로의 견해차를 존중하기로 '합의할' 수 없다. 그러나 우리는 복음의 메시지를 굳게 붙들면서도 서로 의견이 조금씩 나뉘는 다른 여러 사안에 대해서는 너그럽고 관대한 태도를 보일 수 있다. 실제로 우리는 "분쟁을 일으키고 장애물을 만드는 자들을 경계해야" 한다(롬 16:17). 우리는 어느 한 분파에 속한 이들이 아니라 **복음**에 속한 사람들이기 때문이다.

복음의 사람들이 되는 일의 중요성

우리는 고린도전서에서도 유사한 당부를 듣게 된다. 이 서신에서 바울은 그리스도의 죽으심과 부활을 "가장 중요한" 문제로 언급한다(15:3, ESV). 다만 그가 고린도 교회의 신자들을 향해 맨 먼저 권고한 내용은 이러했다. "형제들아, 내가 우리 주 예수 그리스도의 이름으로 너희를 권하노니 모두가 같은 말을 하고 너희 가운데 분쟁이 없이 같은 마음과 같은 뜻으로 온전히 합하라"(1:10). 당시 그 교회 가운데는 여러 파벌이 형성되어 심각한 분열이 일어났다. 그 신자들은 저마다 이렇게 주장했다. "나는 바울에게, 나는 아볼로에게, 나는 게바에게, 나는 그리스도에게 속한 자라"(1:12). 그런 그들에게 바울은 그리스도와 십자가의 말씀 안에서 서로 연합하여 하나가 될 것을 촉구했다(1:13-31). 물론 우리의 행실(5-6장)이나 신념(15장) 때문에 복음의 순수성이 훼손되어서는 안 된다. 그러나 바울은 복음 안에서의 연합을 요청하면서 동시에 (11:17-14:40) 그 연합이 모든 세부 사안에 대한 의견 일치에 달려 있지는 않다는 점을 분명히 했다(8장). 이런 바울의 태도를 본받을 때 우리 자신이 어느 한 파벌에 속한 것이 아니라 복음을 따르는 이들임을 입증하게 된다.

복음의 사람들

복음은 우리의 닻

복음의 사람들에게 복음은 일종의 닻 역할을 한다. 배의 닻은 그 배가 정처 없이 표류하는 것을 막으면서 수면 위로 어느 정도 움직일 수 있게 해준다. 이처럼 복음은 우리로 성경의 중요한 가르침들을 고수하게 하면서도, 다른 세부 사안에 관해서는 어느 정도 의견 차이를 용납하도록 인도한다. 바울은 로마와 고린도의 신자들에게 복음 안에서 연합할 것과 음식 문제 등에 관대해질 것을 당부했다. 이처럼 복음의 닻은 우리의 믿음이 파선하는 것(딤전 1:19)을 막으면서도 의견의 불일치를 분리의 동기로 삼지 않도록 한다.

복음을 우리의 닻으로 삼을 때, 복음주의자들은 모든 문제가 복음의 핵심 사안은 아님을 헤아리게 된다. 그리고 모든 오류(혹은 우리 자신의 견해나 관습에서 벗어나는 생각들)가 영혼을 죽이는 이단은 아님을 알게 되는 것이다. 어떤 교리들의 경우, 더 본질적이고 근본적인 중요성을 지닌다(히 5:12-14). 헨리 벤(Henry Venn)에 따르면, 이 점을 인식하는 것은 복음주의 사상의 고유한 특징 중 하나였다. 그는 이렇게 기록했다. "복음주의자들의 특색은 단지 기독교의 교리들을 체계적으로 진술하는 일 자체에 있지 않다. 그들의 특징은 기독교

복음의 사람들이 되는 일의 중요성

체계의 본질적인 부분들을 더욱 중시하며, 그 교리들을 자신의 마음과 행실에 생생히 접목하는 데 있다."[1] 참된 복음의 사람들이 되는 길에 관해 J. C. 라일은 이렇게 언급한다.

> 우리의 이해가 **균형을 잃을 때**, 복음이 망가진다. 기독교의 부차적인 내용을 힘써 강조하면서도 정작 그 핵심 진리들은 소홀히 여길 때 그런 문제가 나타나는 것이다. 이처럼 기독교 진리의 적절한 체계에 대한 분별력이 흐트러질 때, 그 진리는 곧 철저한 오류가 되고 만다! 이런 일을 직간접적으로 행할 때, 우리의 신앙은 더 이상 복음적인 것이 될 수 없다.[2]

그러므로 복음주의자라 함은 성경적인 지혜와 분별력을 발휘하도록 부름받았다는 뜻이다. 제임스 패커에 따르면 우리의 과업에는 "본질적인 사안에 대한 합의를 바탕으로 부차적인 문제들에 관해 다양한 견해를 용납하는 미덕"과 "성경의 빛을 떠나 지적인 혼돈 상태에 **빠져드는 악덕**"을 적절히 구별하는 일이 모두 포함된다. 후자의 경우에는 "사물의 윤곽이 흐릿해지고 진리와 오류가 서로 비슷하게 여겨지며, 일종의 혼합주의가 우리의 목표처럼 되어 버린다."[3]

복음의 사람들

이런 분별력을 실제로 발휘하기는 쉽지 않으며, 그 방법을 적절히 설명하려면 꽤 긴 글이 필요하다.[4] 다만 이 지점에서 앨버트 몰러는 하나의 유용한 비유를 들어 복음주의 사상의 특색을 설명한다. 그것은 바로 신학적 트리아지(theological triage)라는 개념이다.[5] '트리아지'는 응급 상황에서 어떤 이의 부상을 먼저 치료할지 결정할 때 흔히 통용되는 의학적 분류 체계를 가리킨다. 이 체계에 따르면, 심한 총상을 입은 환자가 무릎을 살짝 긁힌 환자보다 더 신속히 치료받게 된다. **신학적인** 트리아지의 경우, 일부 교리는 복음의 핵심에 놓인 일차적인 사안으로 여겨진다. 지금껏 이 책에서 다루어 온 교리들이 바로 여기에 해당하는데, 그중에는 삼위일체 하나님의 본성과 정체성, 성부 하나님의 계시와 성자 하나님의 구속, 성령 하나님께 속한 거듭남의 사역 등이 포함된다. 그리고 그만큼 핵심적이지는 않지만 여전히 중요한 다른 교리들이 있다. 그중 일부는 이차적인 사안들로, 세례와 교회 정치 등이 여기에 해당한다. 이 교리들은 복음의 본질에 속하지는 않지만 여전히 그리스도인들이 여러 교파로 나뉘게 하는 원인이 된다. 그리고 삼차적인 사안들도 있다. 그리스도의 재림 시기에 관한 여러 견해 등이 여기에 속한다. 이 교리들 역시 상당히 중요하지만, 이런 일들에 관해서는 신자들이 서로

복음의 사람들이 되는 일의 중요성

의견을 달리하면서도 계속 긴밀한 교제를 유지할 수 있다(때로는 같은 지역 교회에 속해 있기도 한다).[6] 이처럼 이차적인 교리와 삼차적인 교리들 모두 **중요하지만**, 이 교리들에 지나친 중요성을 부여해서는 안 된다. 이어서 (사차적인 수준에 속한) 다른 사안들이 있는데, 이 일들은 그리 중요하지 않다. 음식 문제 등이 여기에 해당한다.

우리가 복음의 사람들답게 살려면, 복음의 핵심 메시지를 고수하는 동시에 다른 사소한 사안들을 그 수준까지 격상시키는 일을 거부해야 한다. 우리 복음주의자들은 지나치게 폐쇄적인 태도와 무분별하게 너그러운 태도 사이에서 적절히 균형을 유지할 필요가 있다. 우리는 자주 이 일에 실패했으며, 그로 인해 양측에서 비난의 대상이 되어 왔다. 하지만 이런 실패 때문에 그 과업의 필요성 자체가 무효화되는 것은 아니다. 우리가 복음에 온전히 충성하려면 신학적인 폐쇄성과 지나친 관용 모두에 맞서 싸워야 한다.

갈라지거나 흐려지거나

전 세계적으로 우리 복음주의자들은 이 일에 관해 회개할 것이 많다. 우리는 다른 이들을 향해 적대적인 태도를 보

복음의 사람들

이면서, 비슷한 생각을 품은 이들과만 협소한 공동체를 구축하는 허물을 범해 왔다. 그저 이차적인 사안 혹은 삼차적인 사안에서 의견을 같이하는 이들과만 교제를 이어 왔던 것이다. 종종 그 기준은 정치 성향이나 문화적인 가치관이 되기도 했다. **이와 동시에** 우리는 복음의 고유한 속성들을 지워 복음을 양보함으로써 복음에 못 미치는(sub-evangelical) 아류 복음(gospel-lite)의 연합을 성취하고자 하는 허물 역시 범해 왔다.

우리는 모두 이 중 어느 한쪽으로 치우치곤 한다. 대개 보수주의자들은 신학적으로 경계가 흐려지는 것을 가장 겁낸다. 복음의 순수성이 용납할 수 없이 훼손되었던 한 사례는 1999년에 로마 가톨릭교회와 루터교 세계 연맹이 서명한 「칭의 교리에 관한 공동 선언문」에서 볼 수 있다. 이 선언문에서 양측은 "이제 우리가 하나님의 은혜 안에서 그리스도를 믿음으로 얻는 칭의에 관해 공통의 이해를 표현할 수 있게" 되었다고 주장했다.[7] 이는 실로 인상적인 주장이며, 그 속에는 오래전 트리엔트 공의회(1545-1563)에서 선포되었던 교리적 정죄를 무마하려는 의도가 담겨 있었다. 당시 그 공의회에서 확정된 조항들은 다음과 같았다.

복음의 사람들이 되는 일의 중요성

제9조. 어떤 이가 '불경건한 자가 오직 믿음으로 의롭다 함을 얻고 칭의의 은혜를 누리기 위해서는 인간의 어떤 협력도 요구되지 않는다. 그가 그 은혜를 얻기 위해 자신의 의지로 준비하고 마음을 다질 필요성이 전혀 없다'고 말한다면, 그는 파문당할 것이다.

제11조. 어떤 이가 '인간은 오직 그리스도의 의가 전가됨으로써만 혹은 그분의 죄 사함을 통해서만 의롭다 함을 얻으며, 성령님이 그들의 마음속에 부어 주신 내재적인 은총이나 사랑은 이 일과 무관하다. 칭의의 은혜는 오직 하나님의 값없는 호의를 통해 주어진다'고 말한다면, 그는 파문당할 것이다.

제12조. 어떤 이가 '의롭다 함을 얻는 믿음은 그리스도 안에서 우리 죄를 사해 주시는 하나님의 자비를 향한 신뢰일 뿐이다. 우리는 오직 이 신뢰에 근거해서 의롭다 함을 받는다'고 말한다면, 그는 파문 당할 것이다.

제24조. 어떤 이가 '하나님이 주신 의는 우리의 선행을 통해 보존되거나 증가하지 않는다. 그 행실은 그저 우리가 얻은 칭의의 열매이자 징표일 뿐, 그 의가 증가하는 원인이 될 수는 없다'고 말한다면, 그는 파문당할 것이다.[8]

복음의 사람들

이 조항들에서 주의 깊게 규정하고 논박하려 했던 종교개혁자들의 칭의 이해는 죄인들이 (자신의 행위와 상관없이) 오직 그리스도의 죄 사함과 그분의 의가 전가되는 일을 통해 믿음만으로 구원을 얻는다는 것이었다. 하지만 이 공동 선언문에 담긴 칭의 이해를 자세히 살펴보면 우리는 그것이 그 개혁자들의 이해와 같지 않음을 보게 된다.[9] 그리고 공식적인『가톨릭교회 요리문답』에서는 여전히 이렇게 가르친다. "칭의 가운데는 죄 사함뿐 아니라 우리 속사람의 성화와 갱신까지 포함된다. 칭의는 우리로 하여금 하나님의 사랑과 충돌하는 **죄에서 벗어나게 하며**, 우리 마음을 정결케 한다."[10] 칭의가 실제로 우리의 성화와 내적인 갱신까지 그 속에 포함하는 일련의 과정이라면, 우리가 영생을 누릴 자격을 스스로 갖출 수 있다는 이 요리문답의 결론이 옳을 것이다. 하지만 그런 견해는 '하나님이 그리스도의 의로운 지위를 우리에게 베푸실 때, 그 일은 우리 마음이나 삶의 상태와 무관하게 이루어진다'는 복음주의의 칭의 이해와 일치하지 않는다. 이에 관해 나는 다른 글에서 이렇게 언급했다. "복음주의에서는 칭의를 '하나님이 죄인들을 그리스도 안에서 의롭다고 말씀하시는' 선언적인 행위로 여긴다. 이에 반해 로마 가톨릭교회는 여전히 그것을 지속적인 변화와 협력의 과정으로 간주

복음의 사람들이 되는 일의 중요성

한다."[11] 실상이 이렇기 때문에 이제 그 공동 선언문을 통해 우리 복음주의자들과 로마 가톨릭교회 사이의 중요한 신학적 차이점이 해소되었다고 여기는 것은 착각 혹은 기만일 뿐이다. 종교개혁의 핵심 이슈는 여전히 유효하다. 과연 신자들은 복음주의자들이 주장하듯 **오직** 그리스도에 대한 믿음으로 의롭다 함을 얻는가? 아니면 가톨릭교회에서 가르치듯 영생은 "하나님의 은혜인 동시에 우리의 선행과 공로에 대한 보상"인가?[12]

신학적인 보수주의자들의 경우, 이같이 복음을 훼손하는 일에 관여할 위험성은 적다. 하지만 그들은 이와 상반되는 오류에 쉽게 빠진다. 바로 신학자들의 광기(*rabies theologorum*)다. 루터의 동역자였던 필립 멜란히톤(1497-1560)은 자신의 임종에서 "이제 곧 신학자들의 광기에서 벗어나게 될 것을 생각하니 기쁘다"라고 고백했다. 이는 마치 광견병에 걸린 개들처럼 늘 서로를 물어뜯는 신학자들의 태도를 가리키는 말이었다. 이런 오류에 빠진 이들은 복음의 핵심 메시지를 외면하면서 이차적이거나 삼차적인 사안들에 관해 집요하게 논쟁한다.

이런 허물은 신학자들만의 문제가 아니다. 복음주의자들을 서로 갈라놓는 것은 신학만이 아니기 때문이다. 실상은

복음의 사람들

전혀 다르다. 우리의 개인적인 특성이나 문화, 정치 성향 역시 복음의 메시지를 압도할 수 있다. 실제로 복음주의자들의 당파성은 교리적인 견해차의 문제와 전혀 무관할 때가 많다(아무리 교리 문제가 그 원인인 것처럼 가장하더라도). 여러 신자와 교회 및 단체들은, 동료 복음주의자들과 교제하지 못하는 개인적이거나 정치적인 이유를 따로 품고 있으면서도 신학적인 사안을 **핑계 삼아** 자신의 문제를 은폐한다. 우리가 참된 복음주의자라면 모든 면에서 서로의 신념이 일치하지 않더라도 진실한 교제를 나누어야 한다. 그러나 복음에 대한 충성심이 약해지면 여러 문화나 개인적인 성향에 따라 구축된 제국들이 우후죽순 생겨난다. 그리고 각 제국의 구성원은 외부인과의 연대를 꺼린다. 그런 연대가 다른 모든 외부인의 관점을 수용하는 것처럼 비칠 수 있기 때문이다. 이런 경우 공동체를 하나로 통합하는 원리가 복음이 아니라는 바로 그 이유 때문에, 복음의 핵심 사안과 여타 문화적 요소를 점점 더 구별하지 못하게 된다. 한번은 노르웨이인 친구들이 그 나라에서 열린 신학 컨퍼런스에서 있었던 일을 들려주었는데, 나는 그 이야기를 결코 잊지 못한다. 얼굴에 화장을 한 여성이 집회장 안으로 들어왔는데, 그곳에 있던 남자들이 너무 놀라서 피우던 담배를 각자의 맥주잔 속으로 떨어뜨렸다는

복음의 사람들이 되는 일의 중요성

것이다. 그들은 자신들의 음주와 흡연이 다른 그리스도인에게 충격적이거나 불편한 일로 다가올 수 있다는 생각은 전혀 하지 못했다. 오히려 다른 기독교 문화권에서는 지극히 정상적인 일로 여겨지는 얼굴 화장에 당혹감을 느꼈던 것이다. 복음이 아니라 자신들의 문화적 관습이 판단 기준이 되어 버렸기 때문이다.

칼 헨리는 이렇게 탄식했다.

복음주의자들은 기독교계에서 가장 잦은 분열과 갈등을 일으키는 세력 중 하나다. 이런 모습은 심지어 그들의 내부에서도 드러나며, 갈라섬과 의심, 지루한 논쟁은 그들의 흔한 특징이다. 그들은 종종 비본질적인 문제를 놓고 말다툼을 벌이며, 이로 인해 본질적인 사안을 다루는 네 쏟을 에너지를 상실한다.[13]

이와 대조적으로 찰스 스펄전은 존 웨슬리의 사역을 평가하면서 진정한 복음주의 정신을 보여주었다. 칼뱅주의자였던 그는 웨슬리의 아르미니우스주의 신학을 혐오했지만, 웨슬리의 사역 자체를 폄하하지는 않았다. 그는 웨슬리를 흠이 있지만 위대한 복음주의자로 여겼으며, 모든 복음주의자

복음의 사람들

가 그에게서 배울 점이 있다고 믿었다. 물론 스펄전은 웨슬리의 맹목적인 추종자가 되기를 거부했으며, 이런 자신의 태도가 어떤 이들을 노엽게 하리라는 점을 잘 알고 있었다. "내가 웨슬리를 끊임없이 추켜세우지 않는 한, 그의 추종자들은 결코 만족하는 법이 없다. 웨슬리에게는 아무 흠이 없으며 온갖 미덕만 가득하다고 인정해 주지 않는 한, 그들은 계속 불편한 눈으로 우리를 쳐다볼 것이다."[14] 하지만 스펄전은 일부 칼뱅주의자들이 웨슬리를 지나치게 헐뜯는 것을 더욱 강하게 반대했다.

극단적인 칼뱅주의자들은 웨슬리를 마치 로마교의 교황처럼 혐오스럽게 여긴다. 누군가가 그의 이름을 입에 올리면, 그들은 온갖 악한 일을 눈앞에 떠올린다. 그들은 웨슬리처럼 지독한 이단자에게는 어떤 파멸의 형벌도 충분하지 않다고 여긴다. 과거의 핍박자들이 위클리프의 유골을 무덤에서 파내어 불살랐듯이, 지금도 어떤 이들은 웨슬리의 사후에 기꺼이 그렇게 하려 한다. 이들은 냉혹하고 무자비하게 교리적 순수성에 집착하기 때문이다. 그들은 자신들과 동일한 신념을 품지 않는 한, 아무도 하나님을 제대로 경외할 수 없다고 믿는다.[15]

복음의 사람들이 되는 일의 중요성

칼뱅주의자와 아르미니우스주의자들 모두 스펄전의 복음적인 지혜와 분별력을 깊이 숙고해야 한다. 우리는 복음을 붙들고 오류에 맞서면서 동시에 다음과 같은 J. C. 라일의 경고를 기억해야 한다. "사람들이 모든 일을 우리의 관점에서 바라보지 않더라도, 그들을 너무 정죄해서는 안 된다. 우리의 신조를 그대로 따르지 않는다는 이유로 그들을 출교하거나 저주하는 일 역시 마찬가지다."[16] 진정한 복음주의 정신은 견고한 교리의 토대뿐 아니라 생생한 지혜와 은혜의 열매 역시 드러내야 하기 때문이다.

허약한 연대?

어떤 이들은 이 복음적인 분별을 추구하는 힘든 길을 굳이 택할 필요가 있는지 의구심을 품는다. 물론 그 시도를 포기하고, 주위 사람들이 거의 모든 점에서 의견을 같이하는 협소한 공동체 속으로 물러나는 편이 더 쉬울 것이다. 모든 이들이 각자의 문화 속에 안주하도록 그대로 내버려 둘 때, 우리는 좀 더 편안한 상태를 누릴 수 있다. 하지만 복음의 관점에서 바라볼 때, 이처럼 그리스도인들 사이의 연합과 일치에 무관심한 것은 그리 바람직한 태도가 아니다. 십자가

복음의 사람들

에 달리시기 전날 밤, 주님은 이렇게 기도하셨다. "아버지께서 내 안에, 내가 아버지 안에 있는 것 같이 그들도 다 하나가 되어 우리 안에 있게 하사 세상으로 아버지께서 나를 보내신 것을 믿게 하옵소서"(요 17:21). 칼 헨리는 이렇게 말한다.

우리가 성경에 대한 헌신을 큰 소리로 선포할지라도, 그 속에 담긴 하나님의 뜻을 실제로 받들지 않는다면 빈약한 말만 늘어놓는 자들이 될 뿐이다. 일단 이 본문에 담긴 예수 그리스도의 소원을 알고 나면, 우리의 연합을 위한 다른 동기를 굳이 찾을 필요가 없어진다. 신자들의 기쁨과 특권은 오직 큰 목자이신 그분의 이 음성을 듣고 따르는 것이기 때문이다.[17]

복음의 핵심은 그리스도께서 우리를 위해 자신의 피를 쏟았으며, 이를 통해 우리가 하나님 안에서 온전한 화목을 누리게 하셨다는 데 있다.

이제는 전에 멀리 있던 너희가 그리스도 예수 안에서 그리스도의 피로 가까워졌느니라. 그는 우리의 화평이신지라. 둘로 하나를 만드사 원수 된 것 곧 중간에 막힌 담을 자기

복음의 사람들이 되는 일의 중요성

육체로 허시고 법조문으로 된 계명의 율법을 폐하셨으니 이는 이 둘로 자기 안에서 한 새 사람을 지어 화평하게 하시고 또 십자가로 이 둘을 한 몸으로 하나님과 화목하게 하려 하심이라. 원수 된 것을 십자가로 소멸하시고(엡 2:13-16).

이 때문에 바울은 로마서에서 복음 안에 있는 신자들의 연합과 일치를 서술하는 데 관심을 쏟았다. 그는 그곳의 신자들에게 "형제를 사랑하여……우애하[면서]" 서로의 차이점을 용납할 것을 권면했다(12:10). 그리고 "분열을 일으키며 걸림돌을 놓는 자들을 경계하도록" 당부했다(16:17, ESV). 이러한 복음의 관점에서 신자들은 분파주의가 아닌 연합과 일치를 통해 참된 유익을 얻는다.

복음주의적인 연합과 일치가 어려운 이유 중 하나는 흔히 그것을 일종의 제도적인 상태로 여기기 때문이다. 로마 가톨릭교회에서 이 일치는 **구조적**이거나 **조직적**인 성격을 띠며, '그리스도께 연합되는' 일은 곧 그 교회의 일원이 됨을 뜻한다. 그러니 자신들의 교리적인 혼란상에 환멸을 느낀 일부 복음주의자들이 로마 교회에 매력을 느끼는 일은 어느 정도 이해할 만하다. 로마 가톨릭교회와 동방 정교회는 오랜 역사와 전통을 지녔고, 그들이 꿈꿔 온 대로 유형의, 역사적,

132

복음의 사람들

세계적인 연합과 일치를 유지하는 것처럼 보이기 때문이다. 이 구조적인 일치는 각종 오류에 맞서 싸울 더 강한 힘을 지 닌 **것처럼 보인다**. 이에 반해 복음주의는 허약하며 온갖 문제 에 매인 **것처럼 보인다**.

우리는 진정한 연합과 일치가 더 깊은 수준에서 이루어 진다고 믿는다. 그저 조직적인 일치만으로는 그리스도가 아 버지께 구하셨던 그 하나 됨에 이를 수 없다. 지금 각 지역 교 회에는 거듭나지 않았거나 구주이신 그리스도께 실제로 연 합되지 못한 이들도 많다. 이 세대에는 알곡과 가라지가 여 전히 뒤섞여 있는 것이다. 신자들이 하나 되게 하시기를 청 하는 주님의 기도를 접할 때, 우리가 떠올리는 것은 하나의 단일하고 거대한 조직체가 아니다. 오히려 그것은 **영적인** 연 합이다. 물론 이 연합은 신자들 서로의 친교와 협력을 통해 그 구체적인 모습을 드러낸다. 하지만 이언 머리가 말했듯 "영적인 연합을 위해 반드시 조직적인 일치가 요구되지는 않 는다." 나아가 그는 이렇게 언급한다. "(교회의 존립 근거인) 복 음의 핵심 진리들보다 외적인 일치를 앞세우는 것은 복음주 의자다운 모습이 아니다."[18] 또한 우리는 과연 하나의 단일 한 조직체가 오류나 분열에 맞설 더 큰 힘을 지닌다고 여길 수 있을까? 이제까지 로마 가톨릭교회는 오랜 세월에 걸쳐

복음의 사람들이 되는 일의 중요성

인상적인 제도적 통일성을 유지해 왔다. 하지만 그 가운데서도 성경의 최종 권위나 그리스도께서 십자가에서 단번에 드리신 제사의 온전함과 충분함 같은 근본 진리들은 부인했다. 그리고 과연 그런 기관들 안에 더 명확한 의견 일치가 있다고 여길 수 있을까? D. A. 카슨은 이렇게 말한다.

어떤 이들은 복음주의 신학이 특정 교파나 전통에 기반을 둔 신학보다 더 다양하다고 여기는데, 그런 생각이 내게는 사실 놀랍게 여겨진다. 오늘날 장로교 신학계에서 출판되는 책들 가운데는 웨스트민스터 신앙고백을 고수하는 태도부터 철저한 반(反)초자연주의에 이르기까지 온갖 다양한 입장이 담겨 있다. 어떤 장로교 목회자들은 소피아(고대 헬레니즘과 영지주의에서 지혜와 구원을 상징했던 여신—옮긴이)를 하나님의 여성적인 자기표현으로 여기거나, 범신론과 환생을 옹호하기도 한다. 개혁파라 불리는 사상 역시 다양한 면모를 보이며, 이 점에서는 성결교와 은사주의 전통도 예외가 아니다. 그리고 어떤 경우든, 한 전통에 속한 최상의 사례를 다른 전통에 속한 최악의 것과 비교하는 일은 늘 불공평할 수밖에 없다.[19]

복음의 사람들

16세기 종교개혁 당시, 로마 가톨릭교회는 교황의 권위를 거부하던 개혁자들을 향해 그들의 운동이 곧 수천 개의 분파로 쪼개지고 말 것이라고 경고했다. 하지만 그 이후로 성장해 온 개신교의 모습은 그 판단이 틀렸음을 입증했다. 약 500년이 흐른 지금, 복음주의는 전혀 가망 없이 분열된 상태에 있지 않다. 우리는 제임스 패커와 토머스 오든이 공저한 『복음주의 신앙 선언』(One Faith: The Evangelical Consensus)에서 그 증거를 찾아볼 수 있다.[20] 이 책의 저자들은 약 75개의 복음주의 문서들을 살폈는데, 그중에는 로잔 언약문(1974)과 마닐라 선언문(1989), 암스테르담 선언문(2000)도 포함된다. 이 조사를 통해 그들은 '복음주의자'라는 명칭을 **간직하는** 이들 가운데 인상적인 신학적 합의가 여전히 존재함을 보여주었다. 이 많은 신자들은 성경의 권위를 중시하는 공통의 기반 위에서(때로는 그들이 지닌 것이 말 그대로 성경책뿐이었다), 바울과 루터, 존 뉴턴이 전하고 가르쳤던 복음의 핵심 진리를 함께 붙들어 왔다.

지난 여러 세기에 걸쳐, 이 신학적 합의는 초교파적인 전도 사역의 토대가 되어 왔다. 복음주의자들은 오직 성경의 복음 안에서 하나로 연합했으며, 이를 통해 풍성한 생명력과 열매를 누릴 수 있었다. 이 때문에 폴란드의 침례교 목사와

복음의 사람들이 되는 일의 중요성

호주의 성공회 사제, 스코틀랜드의 장로교 목사와 중국의 독립교회 사역자들은 각자의 선교 활동을 기꺼이 후원하며 돕곤 한다. 그들은 서로 만난 적도 없고 어떤 조직적인 연결 고리도 없지만, 자신들이 모두 주님의 복음을 섬기며 전파한다는 확신을 공유한다.[21] 이 뚜렷한 확신이 없었다면, 어떻게 그 많은 복음주의 선교단체가 지금과 같이 활동할 수 있었겠는가? 케네스 콜린스와 제리 월스는 이렇게 언급한다.

> 복음주의 개신교 가운데는 다양한 교파들이 포함되어 있지만, 그 운동은 로마 교회보다 훨씬 더 인상적이며 참된 연합의 모습을 보여준다. 지금 전미 복음주의자 협회(NAE)는 약 40개의 복음주의 교단들로 구성되어 있다. 그들은 부차적인 사안들에 관해 생각을 달리하면서도, 고전적인 정통 기독교 교리에 대해서는 진정한 합의와 실질적인 일치를 드러낸다. 그리고 이 교단들 중 대부분은 서로 친밀히 교류하고 있다. 같은 맥락에서, 우리는 (예를 들어) 미국 가톨릭 신학회보다 복음주의 신학회의 회원들 사이에 참되고 보편적인 기독교의 모습에 관한 더 온전한 의견 일치가 존재한다고 말할 수 있다.[22]

복음의 사람들

복음주의자들과 교파

복음주의자들이 이처럼 영적인 연합을 추구한다면, 그들 자신이 속한 여러 교파에 대해서는 어떤 태도를 지녀야 할까? 우리는 예수님이 원하셨던 신자들의 하나 됨이 교파들 사이의 조직적인 연합에서 나온다고 여길 수 없다. 참된 일치는 그저 구조적인 수준의 문제가 아니기 때문이다. 우리는 자신이 속한 교회가 하나님 말씀으로 순전해지기를 바라지만, 하나의 단일한 복음주의 교회나 교파가 출범하기를 꿈꾸지는 않는다. 오히려 복음주의는 그 정의상 초교파적일 수밖에 없다. 로마서의 지혜를 숙고할 때 우리는 일차적인 사안과 이차적인 사안들 사이의 차이점을 분별하게 된다. 그리고 각 지역 교회나 교파 혹은 여러 단체들의 경우, 본질적으로 복음 자체의 요구와 연관되지는 않는 여러 이차적인 사안들(예를 들어 교회 정치 등)에 관해 합의할 필요가 있다. 이언 머리는 이렇게 언급한다.

복음주의는 구원의 신앙에 속한 근본 진리들을 대변한다. 하지만 그 운동에서는 이 최소한의 믿음만이 교회의 완전한 삶과 조직을 위해 요구되는 전부라고 주장한 적이 없다.

복음의 사람들이 되는 일의 중요성

이 세상을 향한 하나님의 넓은 경륜 속에는 그보다 더 많은 내용이 담겨 있기 때문이다. 그리고 역사의 시기별로 나타나는 그 경륜의 양상을 어떻게 받아들일지에 관해서는 성경의 다스림을 따르는 이들 가운데서도 늘 견해차가 있어 왔다.[23]

복음주의자들이 다른 신학적 문제들에 **전혀 관심을 쏟지 않는** 것은 아니다. 우리는 하나의 모호하고 생기 없는 정체성을 고수하려는 마음으로 그런 문제들을 애써 무시하지 않는다. 장로교나 감독교회, 독립교회 등의 교파들과 복음주의 사이에서 어느 한쪽을 택하라는 것은 그릇된 생각이다. 복음주의자들은 각 지역 교회나 교파에서 선량하고 열심 있는 교인으로 살아갈 수 있으며, 또 마땅히 그래야 한다. 우리에게는 자신이 속한 교회나 교파의 교리적인 지침을 존중하고 따를 의무가 있다.

하지만 복음의 사람들이 되는 것은 곧 다른 어떤 사안보다 복음을 우선시하는 일을 의미한다. 이언 머리는 이렇게 말한다. "[역사적으로] 복음주의자들의 특징은 자신의 교파에 충성하는 것보다 복음을 향한 헌신을 더 중시하는 데 있었다. 그들은 다른 교파의 복음주의자들과 기꺼이 협력하면

복음의 사람들

서 전도와 집회 사역을 펼쳤지만, 같은 교파에 속했더라도 신앙의 색깔이 다른 이들과는 함께 활동하기를 꺼렸다."[24] 머리는 이 글에서 다음의 몇 가지 요점을 지적한다. 첫째, 이제까지 복음주의자들은 (바른 의미의) '복음주의'를 자신의 주된 기독교적 정체성으로 삼는 일을 전혀 망설이지 않았다. 우리는 그 무엇보다 복음을 소중히 여기는 이들이기 때문이다. 둘째, 이는 각 교파의 특징적인 교리들을 저버리는 일을 함축하지 않는다. 우리는 다만 중요한 교리들조차 기독교의 근본적이며 일차적인 진리는 아닐 수 있음을 염두에 둘 뿐이다. 셋째, 복음주의자들은 그저 동일한 신념들을 공유하는 데 그치지 않는다. 그들은 서로를 그리스도 안에서 형제자매로 여기고 깊이 사랑하며, 교파를 초월하는 교제를 통해 영적인 연합과 일치를 드러내려 한다. 넷째, 이런 교제는 이차적이거나 삼차적인 사안들에 대한 포괄적인 합의를 먼저 요구하지 않는다. 우리 복음주의자들은 그런 사안들에 관해 따스하면서도 열심 있는 태도로 토론할 수 있고, 토론해야 하며, 토론은 복음 안에 있는 근본적인 일치를 약화시키거나 훼손하지 않는 방식으로 이루어져야 한다.

참된 보편성은 거대한 조직을 요구하지 않는다. 복음주의자들 사이에서도 세례나 교회 정치 등에 관해서는 늘 교단

복음의 사람들이 되는 일의 중요성

별 견해차가 있기 마련이지만, 참된 복음주의 정신은 J.C. 라일의 조언에 담긴 다음의 지혜를 따른다. "우리 서로를 갈라놓는 신념의 장벽을 가능한 한 낮게 유지하십시오. 그리고 자주 그 위로 손을 내밀어 악수를 나누시기 바랍니다."[25] 교리들의 다양한 등급과 순서를 염두에 둘 때, 우리는 다른 이들과 나눌 수 있는 교제의 수준을 적절히 헤아릴 수 있다. 우리는 동료 복음주의자들과 더불어 깊고 친밀한 마음과 정신의 일치를 이루기 원하지만, 모두 같은 교파나 조직체의 일원이 될 수 있다고 여기지는 않는다. 이런 우리의 관점은 단지 외적인 일치를 추구하는 이들에게 너무 추상적으로 보일 수 있다. 우리가 복음 안의 일치를 가시적으로 **드러내는 데** 힘쓰지 않는다면, 실제로 그런 문제점을 안게 될 것이다. 하지만 이 길을 통해 우리는 정치와 인종, 문화와 교파를 초월하는 **복음 안에서의** 연합과 일치를 유지할 수 있다.

하향평준화 신학?

많은 이들에게 복음주의의 부정적인 인상을 심어 주는 한 풍자적인 이미지가 있다. 그 이미지에서, 복음주의는 마치 불안정한 청소년들과 유사한 특징을 지닌 기독교처럼 묘사

복음의 사람들

된다. 곧 분별력이 없고 미숙하며 모든 유행을 금세 좇아가는 운동으로 여겨지는 것이다. 문제는 이렇게 우스운 모습이 그저 어떤 이들의 상상 속에만 존재하지 않는다는 데 있다. 자신을 '복음주의자'로 지칭하는 많은 이들은 역사적으로나 신학적으로 얄팍하고 변덕스러운 모습을 **실제로** 자주 보여 왔다. 하지만 다른 한편으로 우리는 이런 질문도 던져볼 수 있다. '어떤 인간의 전통이든, 이런 모습이 조금씩은 나타나지 않는가?' 우리는 모든 기독교 전통에서 얼마간 풍자적인 모습을 발견하게 되며, 어떤 집단을 평가할 때 그 최악의 사례들을 기준으로 삼는 일은 공정하지 못하다. 따라서 복음주의의 **논리적인** 종착지가 하향평준화된(lowest common denominator, 수학의 최소공약수에서 비롯된 의미―옮긴이) 교인의 양산이라는 것은 우리의 관점을 무리하게 왜곡하는 주장이다.

복음주의는 우리를 경솔한 신학으로 인도하는 일종의 '미끄러운 경사로'가 아니다. 오히려 그것은 우리를 **균형** 잡힌 **지혜**의 길로 이끈다. 우리 복음주의자들은 복음의 핵심 진리들 외에 중요한 것이 전혀 없다고 여기는 것이 아니다. 다만 그 복음만이 우리를 하나로 연합시키는 닻임을 고백할 뿐이다. 우리는 성경의 **모든** 가르침을 믿고 따르려고 노력한다. 결국 우리는 성경의 최종 권위를 인정하는 이들이며, 따

복음의 사람들이 되는 일의 중요성

라서 모든 일을 성경의 관점에서 살피려 함은 지극히 당연하다. 하지만 우리는 성경의 모든 진리가 똑같이 중요하다거나, 우리의 구원에 똑같이 영향을 미친다고 믿지는 않는다. 우리는 어떤 난해한 교리들에 관한 지식을 통해 구원받는 것이 아니기 때문이다. 우리는 교리들을 연합과 일치의 원천으로 여기지 않는다. 우리는 성경 자체의 기준에 근거해서 각 사안에 적절한 비중을 부여하며, 성경의 주된 진리들을 약화시키거나 반대로 부차적인 진리들을 지나치게 강조하지 않는다.

신학적인 얄팍함은 복음주의의 본래적인 열매가 아니다. 오히려 그것은 그 운동이 변질된 결과물이다. 참된 복음주의자의 표지는 **올바른 분별력**에 있다. 우리는 복음을 굳게 간직하고 그것에 최고의 가치를 부여하며, 복음과 대립하거나 경쟁하는 모든 인간적인 관점을 거부한다. 이때 그 관점들 가운데는 일부 개인들의 취향이나 문화, 정치 등의 여러 사안을 복음의 수준까지 격상시키려 드는 당파적인 성향 역시 포함된다. 우리 복음주의자들은 무엇보다 복음 자체에 속한 사람들이며, 특정 분파를 따르는 이들이 아니기 때문이다.

복음의 사람들

복음을
진실하게
따르는
삶

6

마지막 장에서 나는 이 질문을 다루어 보려 한다. '오늘날의 복음주의는 진실로 복음적인가?' 2020년의 한 조사에 따르면, 미국 '복음주의자'의 30퍼센트는 예수님이 하나님이심을 믿지 않는다. 그들 중 65퍼센트는 그분을 하나님의 첫 피조물로 여기며, 46퍼센트는 성령님을 인격체가 아닌 일종의 힘으로 간주한다. 그리고 그들 중 23퍼센트는 믿음을 객관적인 진리와 무관한 의견의 문제로 여긴다.[1] 물론 어떤 이들은 이런 통계의 신빙성에 의문을 제기할 수도 있다. 다만 여기서 우리는 미국 '복음주의자' 중 다수가 실제로는 복음적인 신념을 품고 있지 않을지도 모른다는 점을 감지하게 된다.

물론 '복음주의'가 세속 문화에 아직 동화되지 않은 다른 나라들의 경우에는 이 비율이 더 낮을 것이다. 하지만 그 나라들에서도 전망이 그리 밝지 않을 때가 많다. 우리는 여러 나라에서 신자를 착취하며 자기 잇속만 채우는 복음주의 지도자들의 이야기를 듣는다. 이런 이야기들은 사실 더 깊은 문제를 암시하는 표면적인 증상일 뿐이다. 이 시대의 영적인 공허함 때문에 유명한 복음주의 지도자들이 한순간에 은혜의 상태에서 타락하며, 회중들의 진심 어린 예배가 질식되어 버린다. 그로 인해 우리는 세상의 반대에 맞설 용기를 빼앗기고, 거짓 복음을 전하는 자들이 교회 안에 들어온다. 그

복음을 진실하게 따르는 삶

리하여 우리는 소극적인 태도로 교회를 운영하게 되며, 그리스도인의 삶에 대해서도 생기 없고 형식적인 자세를 보이게 된다. 달리 말해 복음주의자들은 복음에 대한 신앙을 여전히 고백하면서도 실제로는 그 이름에 전혀 합당치 않은 이들이 될 수 있다.

이처럼 오늘날의 복음주의는 온전히 복음적이지 않다. 최악의 경우 삼위일체 교리를 부정하는 어떤 이들이 '복음주의자'로 지칭되기도 하는데, 과연 그 뜻이 무엇인지 알 길이 없다. 그래서 많은 이들이 그 표현을 멀리하는 것도 무리가 아니다. 지금 복음주의자들은 조금씩 다 실패하고 있다. 참된 복음의 사람들답게 살아가는 이는 거의 없다.

여기서 우리 자신을 변명하거나 이런 문제들을 얼버무리려 해서는 안 된다. 자기 정당화에 몰두하는 것은 우리가 소중히 여기는 복음의 정신에 어긋나는 일이다. 참된 복음주의의 길은 자기 잘못을 묵과하거나 책임을 회피하는 것이 아니라, 돌이켜 회개하며 스스로를 개혁하는 것이다. 복음주의는 늘 복음에 근거한 하나의 갱신 운동이었다. 우리는 복음을 시작점으로 삼아, 자기 삶과 교회 공동체를 새롭게 바꾸어 나가야 한다(이 갱신의 방향은 결코 뒤바뀔 수 없다). 또 복음주의는 개혁 운동이기도 하다. 이때 그 목적은 우리의 생각과

146

복음의 사람들

말, 행동을 통해 복음을 더 충실히 고수하는 것이다. 복음주의 운동의 미래는 바로 이 개혁에 달려 있다.

사도의 권면

빌립보서 1장 끝부분에서, 바울은 신자들에게 **복음에 근거해서** 자신들의 삶을 개혁해 나갈 것을 권면한다. 그는 "그리스도의 복음"과 "복음의 신앙"을 언급하면서, 복음의 사람들답게 살아가라고 당부한다.

> 오직 너희는 그리스도의 복음에 합당하게 생활하라. 이는 내가 너희에게 가 보나 떠나 있으나 너희가 한마음으로 서서 한 뜻으로 복음의 신앙을 위하여 협력하는 것[을]……듣고자 함이라(빌 1:27).

당시 바울은 감옥에 갇혀 생사의 고비를 겪고 있었다. 바울 자신만 놓고 보면 "세상을 떠나서 그리스도와 함께 있는 것이 훨씬 더 좋은 일"이었다(23절). 하지만 바울는 자신이 "육신으로 있는 것이 너희를 위하여 더 유익[함]"을 알았다(24절). 어떤 경우든, 바울의 궁극적인 관심사는 자기 앞에 닥

복음을 진실하게 따르는 삶

쳐올 일이 아니었다. 그는 오직 복음이 전파되고 열매를 맺는 일에 온 마음을 쏟고 있었다. 따라서 그는 빌립보 교인들에게 다음의 두 가지를 당부했다. (1) 그리스도의 복음에 합당하게 살며, (2) 한 마음과 한뜻으로 굳게 서서 복음의 신앙을 위해 함께 싸우라는 것이다. 사도의 권위가 실린 이 부름 속에는 우리에게 필요한 모든 갱신의 내용이 담겨 있다.

복음에 합당하게 살라

한 글에서 앨버트 몰러는 이렇게 언급했다. "복음주의자들의 정체성은 결국 복음을 진실하게 따르는 삶과 연관된다."[2] 이런 진실함이 없으면 세상은 우리에게서 복음의 모조품만을 볼 뿐이며, 복음의 빛을 따르는 삶의 의미를 잘못 헤아릴 것이다. 참된 복음주의의 미래를 위해서는 우리 복음의 사람들이 그 메시지를 진실히 따르는 삶을 살아야 한다. 그저 어떤 신앙의 공식을 채택하는 것만으로는 충분하지 않다.

그러면 이 복음을 따르는 삶은 어떤 모습일까? 바울은 빌립보의 신자들에게 복음에 합당하게 살 것을 당부한 뒤, ("그러므로"라는 접속 부사를 써서) 곧바로 다음과 같이 언급한다 (2:1-11). 이는 우리에게 시사하는 바가 크다.

복음의 사람들

그러므로 그리스도 안에 무슨 권면이나 사랑의 무슨 위로나 성령의 무슨 교제나 긍휼이나 자비가 있거든 마음을 같이하여 같은 사랑을 가지고 뜻을 합하며 한마음을 품어 아무 일에든지 다툼이나 허영으로 하지 말고 오직 겸손한 마음으로 각각 자기보다 남을 낫게 여기고 각각 자기 일을 돌볼뿐더러 또한 각각 다른 사람들의 일을 돌보아 나의 기쁨을 충만하게 하라. 너희 안에 이 마음을 품으라. 곧 그리스도 예수의 마음이니 그는 근본 하나님의 본체시나 하나님과 동등됨을 취할 것으로 여기지 아니하시고 오히려 자기를 비워 종의 형체를 가지사 사람들과 같이 되셨고 사람의 모양으로 나타나사 자기를 낮추시고 죽기까지 복종하셨으니 곧 십자가에 죽으심이라. 이러므로 하나님이 그를 지극히 높여 모든 이름 위에 뛰어난 이름을 주사 하늘에 있는 자들과 땅에 있는 자들과 땅 아래에 있는 자들로 모든 무릎을 예수의 이름에 꿇게 하시고 모든 입으로 예수 그리스도를 주라 시인하여 하나님 아버지께 영광을 돌리게 하셨느니라.

나는 진실한 복음적 삶의 핵심에 겸손이 있다고 믿는다. 그동안 복음주의자들이 오만한 태도로 세력 확장에 몰두하면서 그 운동의 이름을 자주 더럽혀 왔기에, 이런 내 말이 다

복음을 진실하게 따르는 삶

소 우습게 들릴 수도 있다. 그리고 복음주의는 자칫 교만의 토양이 되기 쉬운 특징이 있다. 복음주의자들은 말씀의 사람들이며, 본능적으로 배움을 향한 열정을 드러낸다. 하지만 무언가를 배우고 익히는 것이 종종 우리를 교만하게 만든다. 우리는 진리에 대한 확신을 품지만 그 확신은 쉽게 다른 이들의 오류를 지적하는 바리새적 태도와 결부되어 버리고, 많은 이들이 다른 곳을 찾아 우리에게서 떠나가는 것이다. 존 스토트에 따르면, "복음주의 신앙이 우리 안에 심어 주는 (혹은 그리해야 할) 최상의 성품은 바로 겸손이다." 하지만 그는 이어서 고백한다. "우리 복음주의자들은 종종 독단적이고 오만하며 허영심에 찬 이들로 여겨진다."[3]

그러면 복음의 영향력은 우리 안에서 어떻게 드러나야 할까? 그 답은 다음의 성경 구절로 요약될 수 있다. "그는 흥하여야 하겠고 나는 쇠하여야 하리라"(요 3:30). 복음 가운데는 살아계신 하나님의 영광이 계시되어 있으며, 우리는 그 빛 아래서 그분의 피조물이자 죄인인 자신이 실로 작고 비참한 자임을 깨닫는다. 복음을 깊이 알아갈수록 우리는 성 삼위 하나님께(그리고 그분들이 행하시는 계시와 구속, 거듭남의 사역에) 더욱 영광을 돌리며 자신을 낮추게 된다. 복음을 통해 우리는 성부 하나님의 계시가 없이는 자신이 무지의 어둠 속에

150

복음의 사람들

서 늘 헤맬 수밖에 없음을 깨닫는다. 그리고 성자 하나님의 구속이 없다면, 우리는 자신의 죄책에 눌린 채 하나님에게서 철저히 소외되고 버림받은 자가 되고 만다. 끝으로 성령 하나님이 행하시는 거듭남의 사역이 없을 때, 우리는 깊은 죄의 수렁 속에 영영 머물게 된다. 그러나 복음을 제대로 깨달을 때 우리는 기쁜 마음으로 하나님만을 높이고 스스로를 낮춘다. 그리고 이처럼 주님이 높임을 받으실 때, 사람들이 그분께로 나아온다(요 12:32).

개혁과 갱신의 시기에는 교회 안에 늘 이런 특징이 나타났다. 이때 사람들은 하나님의 영광과 은혜를 새롭게 깨닫고, 그분과 그들 자신이 누구인지를 다시 숙고했다. 이전에 했던 생각과 달리 그들은 하나님이 진실로 위대하고 영광스러우며 아름답고 거룩하신 분임을 자각했으며, 그들 자신은 전혀 그렇지 않음을 알았다. 복음이 힘차게 울려 퍼지며 그리스도의 십자가가 뚜렷이 모습을 드러낼 때, 그들은 영광중에 계신 주님을 대면했던 이사야처럼 이렇게 부르짖게 된다. "화로다, 나여. 망하게 되었도다. 나는 입술이 부정한 사람이요 나는 입술이 부정한 백성 중에 거주하면서 만군의 여호와이신 왕을 뵈었음이로다"(사 6:5). 그러나 인간의 죄를 사소하게 여기고 그리스도 역시 미약한 구주(혹은 조력자)로 취급하는 다른 복

복음을 진실하게 따르는 삶

음의 메시지들은 이런 결과를 가져오지 못한다.

우리가 지음 받은 목적은 이 영화로우신 하나님을 우러러보는 데 있다. (지금은 믿음의 눈으로 그 모습을 바라보지만, 언젠가는 그분을 직접 대면하게 될 것이다.) 우리는 그분의 놀라운 영광을 목도하는 가운데 점점 그분의 형상으로 변화하며, 온전한 인간성과 생명력을 조금씩 회복해 간다(고후 3:18). 우리는 복음 앞에서 오직 그리스도만을 자랑하는 겸손을 배우며, 이는 건전한 복음적 삶의 원동력이 된다. 죄인들을 향한 하나님의 사랑을 깨달을 때 우리는 영적인 가면을 벗을 수 있다. 스스로는 죄인이지만 그분의 은혜로 의롭다 함을 얻었기에, 우리는 자신의 본모습을 솔직히 드러내기 시작한다. 결코 사랑받지 못할 자임에도 사랑받았기 때문에, 이제 하나님과 이웃을 사랑하게 된다. 또한 하나님과 화목한 상태에 들어갔기 때문에, 마음의 평안과 기쁨을 알게 된다. 끝으로 만물 위에 계신 하나님의 위엄을 보았기 때문에 새로운 삶의 용기를 얻으며, 사람이 아니라 오직 하나님 앞에서만 경외하며 기뻐하게 된다.

마르틴 루터는 복음을 통해 바로 이 변화를 경험했다. 루터는 자신이 몹시 불안한 청년기를 보냈다고 종종 언급한다. 그는 깊은 두려움에 사로잡혀 있어 바람에 이는 나뭇잎 소리에도 놀라 도망칠 정도였다(레 26:36 참조). 하지만 그리

복음의 사람들

스도의 복음을 만나자 이런 그의 모습이 완전히 변화되었다. 롤런드 베인턴은 루터 전기 끝부분에서 수려한 필치로 이렇게 적는다.

> 모세의 하나님과 마찬가지로, 루터가 섬겼던 하나님은 폭풍 구름 속에 거하시며 거센 바람을 날개 삼아 오르시는 분이었다. 그분이 고개를 끄덕이면 온 땅이 뒤흔들렸으며, 그 앞에서 온 인류는 거대한 양동이 속의 물방울처럼 지극히 미미한 존재였다. 그분은 헤아릴 수 없이 크고 두려운 위엄과 권능을 지니시며, 인간의 죄에 대한 진노로 모든 것을 멸절하고 거두어 가시는 하나님이셨다. 그런데 이 두려우신 하나님은 지극히 자비하신 분이기도 했다. "아버지가 자식을 긍휼히 여김같이 여호와께서는……"(시 103:13). 우리는 이 자비를 어떻게 알 수 있을까? 그 일은 그리스도, 오직 그리스도 안에서 가능하다. 생명의 주이신 그분은 누추한 외양간에서 나셨으며, 사람들의 멸시와 조롱 아래 악인처럼 죽임을 당하셨다. 그분이 마지막 순간에 하나님께 간절히 부르짖었을 때, 그 응답은 그저 온 땅이 흔들리고 태양이 빛을 잃는 것뿐이었다. 그분은 하나님께도 버림받았던 것이다. 하지만 바로 그때 주님은 우리의 죄악을 대신 짊어

153

복음을 진실하게 따르는 삶

지고 그것을 전부 소멸시키셨으며, 지옥의 군대를 짓밟아 버리셨다. 그러고는 그 두려우신 하나님의 진노 한가운데서, 우리를 결코 포기하지 않으시는 그분의 깊은 사랑을 드러내 보이셨다.[4]

그리고 복음이 루터에게 가져온 변화는 다음과 같았다.

루터는 더 이상 바람에 흔들리는 나뭇잎 소리에 두려워 떨지 않았다. 거센 비바람과 천둥 번개가 몰아칠 때도, 그는 예전처럼 성 안나를 찾는 대신에 가볍게 미소 짓게 되었다. 이 변화 덕분에, 이후 그는 신성로마제국의 황제 앞에서도 담대히 선언할 수 있었다. "내가 여기 서 있습니다. 나는 이 믿음을 철회할 수 없습니다. 하나님, 나를 도우소서! 아멘."[5]

하나님의 위엄과 자비 앞에서 루터가 깨달은 복음적인 겸손은 음울하고 소심하거나 절망적이며 나약한 것이 아니었다. 그것은 담대한 기쁨과 활력이 넘치는 성품이었다.

이것이 바로 복음에서 발견되는 겸손의 특징이며, 복음 안에서 진실한 삶을 살아가는 이의 모습이다. 우리는 여기서 복음으로 새롭게 된 사람의 몸가짐을 보게 된다. 이러한 복

복음의 사람들

음주의자들은 하나님의 위대하신 모습에 깊이 사로잡혔기 때문에 더 이상 인간 중심적인 치료로서의 종교를 좇지 않게 된다. 그분이 비추시는 영광의 빛 아래 선 그들은 이제 자신만의 작은 제국을 세우려 하지 않는다. 그들의 작은 성취는 실로 하찮게 보이며, 그들 사이의 갈등과 개인적인 야심은 혐오스러워 보인다. 그들은 하나님을 무엇보다 크신 분으로 모셨기 때문에, 사람이 아니라 그분만을 기쁘시게 하는 일에 담대히 나아간다. 그들은 주저함 없이 복음을 전할 것이다. 그들은 주께서 자신을 구속하셨음을 깨닫고, 그분의 온유한 모습을 본받아 '상한 갈대도 꺾지 않게' 될 것이다. 그들은 기꺼이 주님을 섬기고 다른 이들을 축복하며, 자기 죄를 회개하고 스스로를 낮추는 이들이 된다. 이것이 바로 복음 안에서 오직 그리스도만을 높이는 삶의 진실한 모습이다.

지금 복음주의는 많은 문제를 겪고 있지만 그 치료책은 오직 복음에 있다. 필요한 것은 오직 진실한 삶이다.

복음을 위해 함께 싸우라

이 진실한 삶은 빌립보서 1:27에 담긴 바울의 두 번째 당부에 응답하기 위한 필수 조건이다. 그 내용은 곧 한 마음

155

복음을 진실하게 따르는 삶

과 한뜻으로 굳게 서서 복음의 신앙을 위해 함께 싸우라는 것이었다. 바울의 논리는 이렇게 전개된다.

오직 너희는 그리스도의 복음에 합당하게 생활하라. **그리하여** 내가 너희에게 가 보나 떠나 있으나 너희가 한마음과 한뜻으로 굳게 서서 복음의 신앙을 위해 함께 싸워나간다는 소식을 듣게 하라(빌 1:27, ESV).

바울은 빌립보의 신자들이 복음 안에서 서로 연합하며 함께 그 대의에 충성하기를 바랐다. 그런데 이 연합과 충성은 곧 진실하게 복음을 따르는 삶의 열매였다. 그 일들은 오직 복음의 역사 가운데 성취되며, 십자가에 달리신 주님은 이를 통해 백성을 자신에게로 불러 모으신다.

그리스도인들의 연합과 일치에 대한 바울의 관심은 빌립보서 전체를 관통하는 핵심 주제다. 그는 빌립보의 신자들에게 이같이 권면한다.

마음을 같이하여 같은 사랑을 가지고 뜻을 합하며 한마음을 품어 아무 일에든지 다툼이나 허영으로 하지 말고 오직 겸손한 마음으로 각각 자기보다 남을 낫게 여기고 각각 자

156

기 일을 돌볼뿐더러 또한 각각 다른 사람들의 일을 돌보아 나의 기쁨을 충만하게 하라(빌 2:2-4).

청교도 목회자인 리처드 십스에 따르면, 이 본문에 담긴 바울의 메시지는 사실상 이러하다. "그리스도 안에 있는 위로를 잃지 않으려면, 평안의 매는 줄로 성령이 하나 되게 하신 것을 힘써 지켜야 한다. 세상과 구별된 우리 신자들이 서로 나뉘고 분열하는 모습을 볼 때, 사탄과 그 패거리들이 얼마나 신나 하겠는가! 우리 안의 불협화음이 원수에게는 달콤한 노랫소리로 들려온다."[6] 이처럼 불화는 마귀적인 일이며, 연합은 건전한 복음적 삶의 표지이다. 우리 복음의 사람들은 한마음으로 굳게 서는 일에 힘써야 한다.

그런데 연합을 향한 부름이 아무리 감동적일지라도, 그 자체만으로는 연합을 성취하지 못한다. 이를 위해서는 우리 내면의 더 깊은 변화가 요구된다. 우리 안의 마귀적인 불화가 소멸되려면, 먼저 우리 자신의 마귀적인 교만이 꺾여야 한다. 이 때문에 바울은 빌립보의 신자들에게 그리스도의 마음을 품도록 권면한다. 이는 복음이 우리 안에 심어 주는 본질적인 겸손의 태도이며, 이 겸손은 참된 연합의 유일한 토양이다. 그리스도가 우리 자신의 명성보다 더 소중할 때 비

복음을 진실하게 따르는 삶

로소 우리는 사소한 경쟁이나 개인의 야심 추구를 내려놓는 다. 그리스도의 영광이 다른 모든 일을 덮을 때 우리는 오직 그분의 대의를 위해 살 것이다. 우리가 갈망하는 연합은 이처럼 그리스도의 영광 앞에서 우리 자신을 새로이 낮춘 일의 열매로 찾아온다.

여기서 바울이 촉구하는 연합은 모든 세부 사항에 합의함을 뜻하지 않는다. 또한 이는 어떤 대가를 치르더라도 일치를 이뤄야 하는 연합이 아니며, 복음의 명확한 가르침을 희생시키면서 일치를 이루는 연합은 더더욱 아니다. 이 연합은 우리가 **복음의 신앙을 위해** 나란히 서서 분투하는 일이자, **함께** 주님의 뜻을 따르는 일이다. 바울에 따르면, 이 충성된 삶의 자세 가운데는 끈질긴 회복력과 용기 역시 포함된다. 복음을 위해 함께 분투할 때 우리는 세상의 반대에 직면하기 때문이다. 우리는 마땅히 고난을 각오해야 한다. 이 과정에서 온갖 비방과 험담에 시달릴 뿐 아니라 감옥에 갇히거나 목숨을 잃는 일까지 벌어질 수 있다. 그러므로 바울은 "한 뜻으로 복음의 신앙을 위하여 협력하[라]"고 권면한 뒤(빌 1:27), 곧이어 이렇게 당부한다.

무슨 일에든지 대적하는 자들 때문에 두려워하지 아니하

복음의 사람들

는 이 일을 듣고자 함이라. 이것이 그들에게는 멸망의 증거요 너희에게는 구원의 증거니 이는 하나님께로부터 난 것이라. 그리스도를 위하여 너희에게 은혜를 주신 것은 다만 그를 믿을 뿐 아니라 또한 그를 위하여 고난도 받게 하려 하심이라. 너희에게도 그와 같은 싸움이 있으니 너희가 내 안에서 본 바요 이제도 내 안에서 듣는 바니라(빌 1:28-30).

이것은 분명 모든 건전한 복음주의자의 열망이다. 복음의 사람들이 하나 되어 복음 따르는 모습을 보고자 한다. 다른 사안을 복음의 수준까지 격상시켜 다툼을 일으키는 파벌주의가 불식되기를 원하며, **또한** 신앙의 핵심 진리를 저버리는 배교의 모습이 완전히 사라지기를 바란다. 그리하여 복음주의자들이 모두 함께 하나님의 계시(성경—옮긴이)의 최종 권위와 신뢰성을 믿으며, 성부 하나님의 유일하심과 참되심 그리고 그리스도께서 이루신 구속의 완전성과 충족성, 성령 하나님이 행하시는 거듭남의 필요성과 중요성을 널리 외치게 되기를 갈망하는 것이다.

이처럼 신실하고 굳건한 연합은 어디서 올까? 바울이 제시하는 답은 다음과 같다. "그리스도 안에 무슨 권면이나 사랑의 무슨 위로나 성령의 무슨 교제……가 있거든"(빌

복음을 진실하게 따르는 삶

2:1). 복음에 충성하며 고난까지 감내하는 태도는, 오직 복음 자체를 통해서만 주어질 수 있다. 우리는 그리스도 안에서 그 일에 필요한 위로와 용기를 얻는다. 주님이 우리 안에서 영광과 높임을 받으실 때, 온갖 시련과 반대 속에서도 그분의 뒤를 따르게 된다. 복음의 참뜻을 깊이 깨달을 때, 더 굳게 단합하여 그 대의에 헌신하게 되는 것이다. 지금 이 시대에는 그 일이 꼭 필요하다.

　　복음 안에서의 연합을 논할 때, 복음주의자들이 교회의 오랜 역사적 전통과 일치하지 않는다는 비판을 살펴볼 필요가 있다. 나는 그 비판이 옳지 않다고 주장해 왔다. 복음주의는 실제로 역사적이고 보편적이며 정상적인 기독교이기 때문이다. 하지만 현대의 복음주의자들이 종종 비복음적이며 개인주의적인 삶의 태도를 보여 온 것 역시 사실이다. 우리는 복음 안에서 과거의 신조들이나 아타나시우스, 루터와 에드워즈 같은 위대한 신학자들의 사상을 다루는 데 충분히 관심을 쏟지 못했다. 이는 성경 대신에 그런 신조나 신학자들의 사상을 최상의 권위로 삼아야 한다는 뜻이 아니다. 전혀 그렇지 않다. 하지만 그들의 말을 무시하며 그 지혜에 귀 기울이지 않는 것은 분명히 어리석은 일이다. 성경에 대한 그들의 통찰이 없이는, 쉽게 현대 문화의 흐름에 휩쓸려 "자신

복음의 사람들

의 신념이 일시적인 유행에 불과함을 눈치채지도 못할"[7] 것이다. 역사적인 기독교의 관점을 제대로 헤아리지 못하면, 시대의 특징적인 분위기(그리고 어떻게 우리가 거기에 굴복하게 되는지)를 파악하기가 훨씬 어려워진다. "과거의 교회가 고백하고 선포해 온 일들을 무시하는 것은 오늘날 이 땅 위의 교회를 외면하는 것과 마찬가지로 분리주의적인 행동이다."[8] 진정한 복음의 연합 가운데는 과거의 복음적인 사상들을 적절히 숙고하고 받아들이는 일도 포함된다. 이에 관해 C. S. 루이스는(비록 공식적으로 스스로를 '복음주의자'라고 일컫지는 않았지만) 다음과 같이 지혜롭게 조언했다.

새 책을 읽은 뒤에는 다른 새 책을 집어 들기 전에 오래된 책을 한 권 읽는 것이 좋다. 그 일이 다소 무리라면, 새 책을 세 권 읽을 때마다 오래된 책을 한 권씩은 읽어야 한다.……물론 과거의 사상에 무언가 마술적인 힘이 있지는 않다. 당시의 사람들이 오늘날보다 더 똑똑했던 것은 아니며, 그들 역시 우리처럼 많은 실수를 저질렀다. 하지만 우리와 **동일한** 실수를 범하지는 않았다. 그러니 지금 우리가 저지르고 있는 오류를 더 부추기지는 않을 것이다. 또한 그들이 범한 오류는 이미 명백히 드러났으므로 우리를 위험에 빠뜨리지 못

복음을 진실하게 따르는 삶

한다. 혼자보다 둘이 고민하는 것이 더 나은 이유는 둘 중 하나가 오류를 범하지 않아서가 아니다. 단지 둘이 같은 오류에 빠질 가능성이 적기 때문이다. 이 점에서는 미래의 책들역시 과거의 책들만큼이나 유익한 교정 장치가 될 테지만, 안타깝게도 우리가 손에 넣을 방법이 없다.[9]

우리 자신을 진단하기

이 점에서 우리는 스스로 속기 쉽다. 복음의 핵심 진리들을 제대로 깨닫지 못하면 우리는 '복음'을 막연히 논하면서도 자신이 그 내용을 충실히 믿고 선포하는 중이라고 착각할 수 있다. 또는 교회의 지체들이 복음의 내용을 이미 다 아는 것처럼 여기고는 간단한 언급만으로 족하다고 믿기도 한다. 다른 한편으로 우리는 복음 자체보다 복음에 대한 각종 위협이나 이 시대의 유행과 문화적인 흐름에 맞서는 데(예를 들어 반지성적인 성경주의의 경우) 관심을 더 쏟곤 한다. 또 설교자들은 자신이 늘 성경 본문을 강해한다는 이유만으로 자신의 가르침이 올바른 성경적 균형을 유지한다고 착각할 수 있다. 하지만 실제로는 그들 자신의 신학적 성향과 기질 때문에 성경의 특정 주제들에 몰입하고, 다른 주제들은 은연중에

복음의 사람들

외면한다. 마틴 로이드 존스는 이렇게 말한다.

> 여러 해에 걸쳐, 나는 한 설교자가 성경의 진리 중 일부를 빠뜨릴 때 교인들이 그 사실을 잘 알아차리지 못한다는 점을 발견했다. 나는 거의 이런 결론을 얻었다. '어떤 설교자가 복음적인지 아닌지를 판단하려면, 그가 전하지 않는 내용이 무엇인지 보면 된다!' 사람들은 종종 어떤 이의 메시지에 감명을 받고는, 그의 가르침이 모든 면에서 완벽하다고 믿는다. 그가 한 말 중에 틀린 부분이 하나도 없다는 것이다. 물론 그런 생각이 실제로 옳을 수도 있다. 하지만 문제는 복음적인 설교자라면 마땅히 전해야 할 내용을 전하지 않았을 때 생긴다. 그저 배제해 버린 것이다.[10]

복음의 내용에서 무언가를 빠뜨리는 일만큼이나 위험한 것은 그 메시지에 무언가를 더하는 일이다. 이 일 역시 정확히 알아차리거나 파악하기 어려울 때가 많다. 우리는 흔히 정치적인 의제나 문화적인 가정들을 복음만이 누려야 할 최고 관심사의 자리로 격상시킨다. 그리고 주위의 모든 이들이 이 치우친 전제를 공유하기 때문에 그것이 일종의 우상 숭배임을 미처 깨닫지 못한다.

복음을 진실하게 따르는 삶

복음을 충실히 따른다는 것은 성경의 모든 가르침을 전하되 성경의 강조점과 어조를 따르는 일이다. 우리는 어느 한쪽으로 치우치거나, 성경의 일부 가르침을 빠뜨려서는 안 된다. 그렇다면 로이드 존스의 판단 기준을 우리 삶에 구체적으로 적용할 방법이 있을까? 우리의 충실함을 평가할 수 있을까? 우리가 다른 이들을 가르칠 때 자신이 좋아하는 주제에만 치우치거나 복음의 내용을 축소하는 일을 막아 줄 건강 진단표 같은 것은 없을까? 그래서 온전하고 균형 잡힌 복음주의 신학의 식단만 제공할 수는 없을까?

아래의 도표에는 이 책에서 우리가 살폈던 모든 신학적 요점이 정리되어 있다. 물론 이것은 하나의 포괄적인 조직신학 체계가 아니다! 복음주의자들은 마땅히 성경의 **모든** 가르침을 옹호해야 히며, 여기서 제시한 것은 복음의 핵심 사안들일 뿐이다. 우리가 오직 이 문제들에만 관심을 두지는 않는다. J. C. 라일은 이렇게 언급한다.

복음주의 신학의 주된 특징 중 하나는 이런 요점들에 중요한 **위치**를 부여하는 데 있다. 우리는 이 내용들이 기독교의 으뜸가는 핵심 원리임을 선포한다. 지금은 여러 성직자가 충분히 그 요점들을 다루지 않기 때문에, 그들이 선한 뜻을

복음의 사람들

품고 하나님 말씀을 전함에도 불구하고 그 가르침들이 많이 손상되어 있다.[11]

기독교의 교리들은 분리되지 않으며, 서로 밀접한 연관성 속에 존재한다. 각 교리 가운데는 또 다른 교리들이 내포되어 있다. 예를 들어 구속의 개념은 하나님이 세상을 선하게 창조하셨으나 그 세상이 인간의 타락으로 훼손되었음을 전제한다. 이와 마찬가지로, 죄에 빠진 우리의 무력함과 그에 따른 거듭남의 **필요성**을 보여주지 않고서는 거듭남의 교리를 충실히 가르칠 수 없다. 이런 교리들은 모두 복음의 핵심 진리이지만, 이 진리들을 그저 똑같은 정도로 중요하게 다룰 수는 없다. 한 예로 성경의 목적은 그 자체를 높이는 것이 아니라 오직 그리스도를 증언하는 데 있다.

이제 위의 주의사항을 염두에 두고 아래의 도표를 살피면서 자문해 보라.

* 이 중에서 내가 은연중에 외면해 온 진리들은 없는가?
* 지난 3년 동안, 다른 이들을 가르칠 때 간단히 언급하거나 암시하는 데 그치지 않고 **자세히 풀어서 전한** 진리로는 어떤 것들이 있는가?

복음을 진실하게 따르는 삶

* 내가 이 진리들 가운데 임의로 덧붙였던 부차적인 사안들, 이를테면 문화적이거나 정치적인 이슈들은 없는가?

* 복음주의자들은 늘 자신의 신학을 삶에 **적용해야** 한다는 점을 감안할 때, 이 중에서 내 인격과 삶, 사역에 제대로 접목되지 않은 진리들은 없는가? 내가 덜 중요하게 다룬 진리들은 어떤 것인가? 불편하게 여기고 거부하거나 겉으로만 받아들인 진리들은 없었는가?

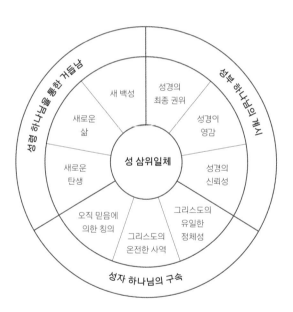

복음의 사람들

우리의 이름이 지닌 의미

내 주된 관심은 '복음주의자'라는 호칭 자체에 있지 않다. 나는 그저 우리 복음주의자들이 진실한 복음의 사람들답게 살고 또 죽기를 바란다. 그런데 우리의 호칭과 그에 따른 정체성이 우리 자신의 인식에 깊은 영향을 끼치는 것 역시 사실이다. 따라서 우리는 이렇게 자문해 보아야 한다. "이 '복음주의자'라는 이름은 어떤 의미를 지니는가? 혹시 그 이름이 너무 애매하거나 막연해서 고쳐 쓰기도 어려운 상태인 것은 아닌가?"

물론 우리는 이 '복음주의자'라는 호칭을 신중하게 사용할 필요가 있다. 지금 이 이름은 전 세계의 각 지역에서 서로 다른 뉘앙스를 띠며, 우리는 그 맥락들을 지혜롭게 분별하면서 불필요한 오해를 방지해야 한다. 어떤 지역들에서는 그 이름을 채택한 교회 공동체에 대해 그릇된 인상을 가지기도 한다.

하지만 내 생각에 더 큰 위험은 이와 정반대되는 방향에 놓여 있다. 이는 우리가 자칫 그 이름을 전혀 중요하지 않게 여기고 쉽게 내버릴 수 있다는 것이다. '복음주의자'라는 이름이 오염되어 곤란을 겪을 때, 단기적으로는 그 호칭을 버

복음을 진실하게 따르는 삶

리고 다른 이름들을 채택하는 편이 더 편할지도 모른다. 하지만 문제는 우리가 받아들인 그 다른 이름들 역시 쉽게 무력해질 수 있다는 점이다. 실제로 그런 새 이름들의 경우, 과거의 오랜 이력이 없기에 더욱 급격하게 그런 일을 겪는다. 그렇게 10년마다 새 이름을 채택하는 지경에 이른다면, 우리가 역사적이며 보편적인 기독교를 대변한다는 주장은 실로 우스워지고 말 것이다.

'복음주의자'라는 호칭이 여러 세기 동안 이어져 온 데는 분명한 이유가 있다. **일부 지역에서는** 그 이름이 다소 가치를 잃었을지 모르지만, 그 문제는 우리의 노력을 통해 충분히 회복될 수 있다. 더구나 우리 복음의 사람들이 택할 만한 다른 이름이 과연 무엇이겠는가? '복음주의자'만큼 역사적인 무게를 지니면서도 우리의 정체성을 간결하고도 명확하게 드러내 주는 다른 호칭은 없다. 앨버트 몰러는 이렇게 말한다. "그동안 사람들은 '복음주의자'라는 호칭을 더 유용한 다른 표현으로 대체하려고 종종 시도해 왔다. 하지만 그런 노력들은 거의 성공하지 못했으며, 그 이유는 매우 단순하다. 그 호칭에 본래 그 호칭을 채택했던 이들이 의도한 바가 충실히 담겨 있기 때문이다. 그 단어는 우리가 스스로를 복음에 속한 사람들로 여기는 이들임을 잘 드러내 준다."[12]

복음의 사람들

이처럼 이름은 중요하다. 다만 복음주의자들의 미래는 우리가 어떻게 불리느냐에 달려 있지 않다. 신자들이 성도들에게 단번에 주어진 믿음의 도를 위해 어깨를 맞대고 분투하는 곳마다 복음주의는 더욱 굳센 모습으로 일어설 것이다. 복음의 사람들이 진실하게 복음을 따르는 삶을 살아가는 곳마다 복음주의는 더욱 번성할 것이다.

복음을 진실하게 따르는 삶

부록 1

복음주의는
정의될 수 있는가?

과연 복음주의는 명확히 정의할 수 있는 하나의 운동일까? 아니면 얄팍하고 변덕스러워서 주위의 변화에 금세 굴복하며, 시간과 장소에 따라 쉽게 모습이 달라지는 일종의 유행일 뿐일까? 역사가 D. G. 하트는 후자의 견해를 취하면서 이렇게 언급했다. "우리는 복음주의를 하나의 종교적인 정체성으로 여길 수 없다. 그것은 분명한 내용을 지닌 실체가 아니기 때문이다. 사실 그것은 20세기 미국 개신교 안에 존재했던 하나의 변덕스러운 흐름일 뿐이다."[1] (이 말이 미국 바깥의 복음주의자들에게 얼마나 이상하게 들리겠는지 한번 상상해 보라.) 그런데 이런 생각을 품은 사람은 하트뿐만이 아니다. 예를 들어 어떤 이들은 이렇게 빈정댄다. "복음주의자들은 그저 빌리 그레이엄을 좋아하는 이들일 뿐이다." 여기서 프란치스코 교황의 경우도 생각해 볼 수 있다. 그가 교황으로 선출된 직후 언론에서 그에게 '복음주의자 교황'이라는 별명을 붙였다. 이는 그가 뚜렷이 그리스도 중심적인 성향을 보였기 때문이다.[2] 어떤 이들은 이것을 마침내 복음주의의 경계가 다 무너져 버린 일의 증거로 여겼다. 로마 가톨릭교회의 교황까지 그런 이름을 얻었으니, 더는 '복음주의자'의 정체성이 명확히 유지될 수 없다고 본 것이다.

하지만 이는 온당한 판단이 아니다. 프란치스코가 '복음

부록 1

주의자 교황'으로 지칭되는 일은 그저 언론에서 그를 특정한 신학 성향(현저하게 복음주의적인)을 따르는 이로 여김을 보여줄 뿐이다. (물론 그가 실제로 복음주의 신학을 따르는 인물인지는 또 다른 문제다.) 이 사례는 이 세대에 널리 퍼진 일종의 확증 편향을 보여주는 듯하다. 복음주의에 불만을 품은 이들이 눈에 불을 켜고 복음주의에 고유한 형태가 없다는 증거를 찾으려 하는 것이다.

19세기 후반에 섀프츠베리 경은 이렇게 서술했다. "나는 과거의 복음주의자들이 어떤 이들이었는지 잘 안다. 하지만 이 시대의 '복음주의자'들에 관해서는 명확한 파악이 어렵다."[3] 어떤 이들은 두 세기 전에 기록된 그의 글에서 '복음주의자'의 정의가 늘 혼란 속에 있었음을 볼지도 모른다. 하지만 그의 말에 담긴 실제 의미는 그저 '예전에는 뚜렷했던 복음주의자의 정의가 이제는 혼란에 빠졌다'는 것일 뿐이다. 그리고 이런 현상은 오늘날에도 나타나고 있다. 지금 미국과 유럽을 비롯한 세계의 각 지역에는 '복음주의자'의 정체성에 대한 혼동이 만연하며, 용어가 다양한 방식으로 오용되고 있다. 한 예로 독일어의 '이반겔리쉐'(*evangelische*, 스웨덴어의 '이바니엘리스키'[*evangelisk*]와 함께)는 루터교를 의미하며, 그 속에는 신학적인 진보와 보수의 관점이 모두 포함된다. 하지만

복음의 사람들

이런 혼동이 있다고 해서 복음주의를 명확히 규정하기가 불가능한 것은 아니다. 그리고 이런 오용의 문제 때문에 그 용어의 사용을 그쳐서도 안 된다.

오늘날 가장 널리 통용되는 복음주의의 '정의'이자 이 주제에 관한 모든 논의의 기준이 되는 것은 데이비드 베빙턴이 제시한 다음의 네 가지 속성이다. 그는 이렇게 언급한다.

> 이제껏 복음주의 신앙의 특별한 표지가 되어 온 네 가지 속성이 있다. **회심주의**. 이는 우리 삶의 방향이 달라져야 한다는 믿음이다. **행동주의**. 이는 우리의 노력과 실천을 통해 복음의 메시지를 드러내야 한다는 신념이다. **성경주의**. 이는 성경을 높이고 존중하는 태도다. **십자가 중심주의**. 이는 그리스도의 십자가 희생을 강조하는 사상이다.[4]

어쩌면 그의 논의가 다소 기이하게 들려서, 그것을 흔쾌히 자신의 정체성으로 받아들이는 복음주의자들이 거의 없을지도 모르겠다. 하지만 베빙턴 자신이 지적했듯이, 이 요점들은 복음주의 운동 가운데 "여러 세기에 걸쳐 놀라울 정도로 한결같이 지속되어 온 하나의 공통 핵심"이 존재함을 보여준다.[5] 사실 그 핵심을 드러내는 것이 베빙턴의 주된 목

부록 1

표였다. 그는 역사가로서 이제까지 '복음주의'로 지칭되어 온 운동들의 공통적인 특징 또는 가족 유사성을 알아내려 했던 것이다. 그런데 여기서 베빙턴의 의도는 이 네 가지 요점을 복음주의의 '정의'로 제시하려는 데 있지 않았다. 하지만 그것들은 금세 하나의 '정의'로 **받아들여졌으며, 정의로서 볼** 때 그 요점들은 상당한 문제를 지닌다. 예를 들어 베빙턴의 논의를 복음주의의 포괄적인 정의로 간주하면 그 운동은 자칫 일종의 협소한 분파처럼 여겨질 수 있다. 그의 논의에서는 외관상 불규칙해 보이는 이 네 가지 강조점이 채택되는 반면에, 삼위일체나 그리스도의 위격 같은 기독교의 중심 교리들이 빠져 있기 때문이다. 그리고 그의 논의를 하나의 '정의'로 여길 때, 그것은 또한 상당히 모호한 기준이 된다. 이를테면 종교개혁 이전의 교황 중에 그 기준에 부합하지 않는 이가 과연 몇이나 있겠는가? '삶의 변화'나 '복음을 위한 노력', '성경을 높이는 태도'와 '그리스도의 희생을 강조하는 사상' 등은 지극히 일반적인 어구이기 때문에, 많은 로마 가톨릭 교인들도(심지어는 여호와의 증인들 역시) 스스로를 '복음주의자'라고 지칭할 수 있다. 그리고 실제로 그런 모습이 종종 나타난다.[6]

베빙턴의 요점들을 하나의 정의로 간주하는 일의 진짜

복음의 사람들

문제점은, 그것이 원래는 역사가의 **기술적인**(descriptive) 분석이라는 데 있다. 그의 본래 의도는 스스로를 '복음주의자'로 여기는 이들의 실제 모습을 서술하려는 데 있었다. 이제 그런 역사가들이 어떤 전통의 역사적인 특징을 살피는 일은 지극히 정당하다. 하지만 우리가 복음주의 전통을 그런 식으로 **정의 내릴** 수는 없다(그 **어떤** 기독교 전통에 대해서도 그렇게 할 수 없다). 예를 들어 우리는 개혁파적인 정체성의 의미를 그저 스스로를 '개혁파'로 여기는 주위 사람들에 대한 관찰을 통해 찾으려 하지 않는다. 하지만 복음주의의 경우에는 늘 그런 시도가 이어져 왔으며, 이 운동을 사회학적으로 정의하려는 시도야말로 오늘날 복음주의자들이 겪는 정체성 위기의 핵심에 놓인 문제다.[7] 만약 '복음주의'가 그저 사회학적인 범주로서 그 명칭을 채택하는 모든 이들의 공통된 특징을 가리킬 뿐이라면, 그것은 **당연히** 신학적 깊이가 매우 얕은 운동일 것이다. 그 모든 이들의 생각을 아우르는 방식으로 '복음주의' 신학을 확장할 때, 그것은 더 이상 역사적이며 성경적인 교리들의 열매가 아니라 현재 유행하는 신학적 사조들의 결과물이 되어 버린다. 이 경우에 '복음주의'는 공허하고 변덕스러운 것이 될 수밖에 없다. 이렇듯 복음주의를 사회학적으로 정의하면 우리는 프랜시스 쉐퍼가 "복음주의의 대재앙"이

부록 1

라 불렸던 길로 서서히 빠져든다. 그는 이렇게 언급한다. "그 것은 진리를 제대로 옹호하지 못하는 우리 복음주의자들의 큰 실패를 드러낸다. 이 현상을 바르게 지칭할 단어는 '타협' 뿐이다. 지금 복음주의 교회는 이 시대의 세속 정신과 완전히 타협해 버렸다."[8]

우리는 신학적인 방식으로 복음 그 자체에 근거해서 복음주의를 정의해야 한다. 지금까지 여러 복음주의 지도자들이 그 일을 주의 깊게 시도했으며, 그 과정에서 놀라운 의견 일치를 보였다.[9] 나는 앞에서 이미 그 견해 중 일부를 언급했지만, 여기서는 근래에 제시된 다음의 세 가지 정의를 서로 견주면서 살펴보려 한다.

조지 마즈던에 따르면, 복음주의자들은 다음의 신념들을 고수하는 이들이다.

1. 성경의 최종 권위에 대한 종교개혁의 교리
2. 성경에 기록된 하나님의 구원 사역이 지닌 실제성과 역사성
3. 오직 그리스도에 대한 인격적 신뢰를 통해 얻는 영원한 구원
4. 전도와 선교의 중요성

복음의 사람들

5. 영적으로 변화된 삶의 중요성[10]

이 마즈던의 정의는 아래에서 살필 제임스 패커의 정의와 매우 유사하며, 이는 복음주의 신학자들 사이에 그 운동의 성격에 관해 상당한 의견 일치가 있음을 보여준다. 이전에 패커는 복음주의 신앙의 여섯 가지 특징을 이렇게 열거했다.

1. 성경의 최종 권위
2. 예수 그리스도의 위대하심
3. 성령의 주 되심
4. 회심의 필요성
5. 전도의 우선성
6. 교제의 중요성[11]

다른 글에서 패커는 "전 세계에 존재하는 복음주의자 형제들이 지닌 [또 다른] 특징"으로 다음의 신념을 언급했다.

7. 대리 형벌에 의한 속죄(그리스도께서 우리의 형벌을 대신 받으심으로써 우리 죄를 속하셨다는 믿음—옮긴이)[12]

부록 1

우리 복음주의자들을 그저 하나의 내용적 원리(복음)와 형식적 원리(성경의 참됨과 최종 권위)만을 소유하는 사람들로 여길 경우, 처음에는 이 일곱 가지 특징이 지나친 논리적 비약으로 다가올 수 있다. 하지만 패커의 이 목록은 상당한 설득력을 지닌다. 처음의 세 항목은 뚜렷이 신학적인 것들이며, 그다음 세 항목은 그 신학적 관점의 실제적인 결과물이다(그리고 일곱 번째 특징은 두 번째 항목의 내용을 자세히 풀어쓴 것이다). 이 목록은 복음주의의 **실천적인** 관심사가 그 운동의 **신학적인** 신념들로부터 유래한다는 점을 잘 보여준다. 다시 말해 우리 복음주의자들은 그저 자신의 문화적이거나 정치적인 성향에 근거해서 움직이는 이들이 아니다. 오히려 우리는 신학적이며 성경적인 확신을 따라 행동해야 한다. 그리고 중요한 점은 패커의 세 가지 신학적 특징들이 **삼위일체적인** 성격을 띤다는 데 있다. 이는 우리 복음주의자들이 성경의 복음을 그 복음의 주체이신 하나님에게서 떼어놓지 않는다는 점을 보여준다.

존 스토트는 이 삼위일체적이며 신학적인 복음주의의 정의를 더 명확하고 단순하게 요약할 수 있다고 여겼다. 그는 패커의 목록을 조금 수정해서, 그 모든 (신학적이며 실천적인) 내용을 다음의 세 가지 요점으로 압축했다.

복음의 사람들

1. 성경: 성부 하나님의 계시

2. 십자가: 성자 하나님의 구속

3. 성령: 성령 하나님의 사역[13]

스토트의 글에서 (마즈던 역시 거론했던) 회심과 전도, 교제에 대한 복음주의의 관심은 단순히 그 운동의 신학적인 부산물로 취급되지 않는다. 오히려 그 일들은 복음주의 신학의 함의를 진지하게 확장하고 적용한 열매들로 여겨진다. 그리고 스토트는 그저 삼위일체적인 목록을 만들기 위해 모든 항목을 억지로 그 안에 끼워 넣지도 않았다. 그는 복음주의자들의 마음속에 자신들이 믿고 예배하는 하나님이 어떤 분이신지를 드러내려는 열망이 있음을 알았다(이를 통해 그들은 자신들이 여호와의 증인 같은 집단들과 뚜렷이 구분되기를 원했다). 또 복음주의자들은 자신들의 신학이 성경에서 유래했음을 확증하려 한다. 끝으로, 그들은 복음에 속한 **두 가지** 진리를 뚜렷이 강조할 필요성을 느낀다. 바로 그리스도의 구속 사역이 지닌 독특성과 성령님이 행하시는 거듭남의 사역이 지닌 지속성이다.

179

부록 1

부록 2

복음주의에는
역사가 있는가?

어떤 글에서 존 스토트는 이렇게 단언했다. "나는 복음주의가 다만 역사적인 기독교 신앙임을 주장하고 싶다. 그것은 원래의 성경적이며 사도적인 기독교와 동일하다."[1] 그에 따르면 복음주의는 주류 기독교와 동떨어진 하나의 변종이 아니다. 오히려 그것이야말로 본래의 기독교라는 것이다. 복음주의는 사도들의 기독교이자, 사도신경과 니케아 신조를 따르는 기독교이다. 이와 유사하게 제임스 패커는 복음주의에 관해 이렇게 서술했다. "[복음주의는] 원리상 기독교 그 자체이다. 비판자들은 그것을 새로운 이단이라 칭하지만, 여기서는 그것을 가장 오래된 정통으로 여길 이유들을 제시하려 한다.……일관성 있는 복음주의는 가장 참되고 보편적인 기독교다."[2] 이런 그들의 말 속에는 J. C. 라일이 보여준 다음의 태도가 담겨 있다. 앞서 라일은 복음주의의 성격을 논하면서, 이렇게 언급한 바 있다. "어떤 신앙이 진실로 선한 '복음주의'가 되기 위해서는 복음 자체, 곧 그리스도께서 사도들에게 분부하시고 알려 주셨던 그 온전한 복음만을 따라야 한다."[3] 이처럼 복음주의가 '순전한 기독교'일 뿐이라면, 어떻게 그것이 오래된 사도들의 정통과 상이할 수 있겠는가?

하지만 복음주의에 관한 현대의 논의에서, 그 운동은 비교적 근래의 현상으로 치부되곤 한다. 20세기 미국 근본주의

부록 2

의 한 분파 혹은 18세기 부흥 운동가들의 유산 정도로 여겨지는 것이다. 이런 견해를 따를 때 우리는 자칫 다음과 같은 존 헨리 뉴먼의 말이 옳을지도 모른다고 의심하게 된다. "기독교의 역사를 숙고하면, 개신교인이 되기를 그칠 수밖에 없다."⁴ 이처럼 복음주의가 새로운 역사적 현상일 뿐이라면, 우리에게 지속적인 충성을 요구할 권리를 가질 수 없다. 별 가치 없는 대상은 오염되었을 때 쉽게 내버려진다.

문제의 상당 부분은 역사가들이 그저 '복음주의'라는 단어의 용례를 통해 복음주의의 역사를 추적하고자 하기 때문에 생긴다. 이런 접근에서 우리는 종교개혁 이전에 몇몇 복음주의자들(예를 들어 '복음의 박사'라고 불렸던 존 위클리프)이 있었음을 볼 수 있다. 하지만 이 역사가들의 관점에 따르면, 복음주의가 실제로 부상하기 시작한 것은 16세기다. 초창기의 종교개혁자들이 아직 '개신교도'나 '루터파' 혹은 '칼뱅파'라는 이름을 얻지 못했을 때, 흔히 '복음주의자들'(Evaungelicalles)로 지칭되곤 했기 때문이다.⁵ 그리고 이 표현의 용례는 청교도 시대를 거치는 동안에 조금씩 확대되었으며, 18세기에 이르러서는 조지 휫필드나 웨슬리 형제, 조나단 에드워즈와 찰스 시미언 같은 인물들을 지칭하는 데 널리 쓰였다. 이후 1846년에 세계 복음주의 연맹이 창립되면서 복

복음의 사람들

음주의 운동은 조금씩 현대적인 모습을 갖추기 시작했으며, 20세기 미국에서 전국 복음주의자 협회가 설립되면서 더 구체적인 형태를 띠게 되었다. 그런데 이런 식으로 복음주의의 역사를 살피면 우리는 자칫 그 시대별 차이점들만을 강조하기 쉽고, '복음주의'라는 용어 자체가 무한한 가변성을 띠는 듯한 인상을 준다. 이때 '복음주의'는 16세기에 '가톨릭교회에 반대하는 운동'을 뜻했다가 18세기에는 '형식적인 종교에 반발하는 운동'이 되고, 다시 19세기에는 '자유주의 신학에 반대하는 운동'을 지칭하게 된다. 게다가 학자들에 따르면, 1800년경 이전까지 '복음주의'라는 단어는 대개 명사가 아닌 형용사로 쓰였다. 따라서 이 표현을 정의 내리기는 더욱 어려워진다.

'복음주의'라는 단어의 역사적 용례는 이 운동이 여러 세기에 걸쳐 이어져 왔음을 보여준다. 하지만 이 문제를 더 깊이 숙고하지 않으면, 그 운동의 역사적인 지속성이 갖는 의미를 제대로 파악하지 못할 수 있다. 우리가 이 단어의 직접적인 용례만을 다룰 경우, 예를 들어 헨리 스쿠걸(1650-1678)이 조지 횟필드(1714-1770)에게 끼친 영향을 충분히 헤아리기 어렵다. 존 오웬(1616-1683)이 윌리엄 그림쇼(1708-1763)에게 끼친 영향이나 청교도들이 찰스 스펄전(1834-1892)

부록 2

에게, 아우구스티누스(354-430)가 칼뱅(1509-1564)에게 끼친 영향 역시 마찬가지다. 나아가 '복음주의'라는 단어가 주로 형용사로 쓰여져 온 사실은 여러 세기에 걸쳐 그 명칭이 누구에게 적용되었는지를 열거하는 어떤 목록보다도 더 많은 것을 시사한다. 이는 복음주의의 뿌리가 그저 그 이름의 용례를 통해 드러나는 것보다 더 깊은 곳에 자리 잡고 있음을 보여주는 것이다. 우리가 '복음주의자'라는 것은 곧 '복음에 충성하는' 이들임을 의미한다. 물론 이 복음에 충성하는 일은 각 시대의 사안과 도전 앞에서 다양한 모습으로 나타날 수 있다. 예를 들어 (1) '오직 믿음에 의한 칭의'를 부인하는 로마 가톨릭교회와 (2) 성경의 참됨을 배척하는 자유주의 신학을 상대하는 맥락에서, 이 일은 조금씩 다른 성격을 띤다. 전자의 경우에는 이신칭의에 대한 변증이 좀 더 요구된다. 그러나 후자의 경우 성경의 신뢰성을 옹호하는 작업이 더 많이 요청되는 것이다. 이 두 맥락 사이의 차이점은 복음주의 운동이 불안정하고 근본 없는 것임을 의미하지 않는다. 오히려 그것은 복음주의가 모든 정황 가운데서 복음을 충실히 지키고자 애쓰는 운동임을 보여준다.

'초기의' 복음주의자였던 종교개혁자들은 '복음주의'의 의미를 바로 이런 식으로 이해했다. 한 예로 제2 헬베틱 신

복음의 사람들

앙고백서에서 이 단어를 어떻게 사용했는지를 살펴보자. "사도들은 자신들의 설교와 저술을 통해 성부께서 우리에게 성자를 보내 주셨다는 것과 그분 안에 우리의 생명과 구원에 필요한 모든 것이 담겨 있음을 전했다. 우리는 그들의 이 가르침을 '복음적인 교리'(evangelical doctrine)라고 지칭할 수 있다."[6] 개혁자들은 오직 복음에 충실하려 했으며, 인간의 어떤 전통이나 분파에 동화되기를 거부했다. 그들은 스스로를 인간적인 의미의 혁신가로 여기지도 않았다. 루터는 이렇게 말한다. "우리의 가르침은 전혀 새로운 것이 아니다. 우리는 오래된 교리들을 다시금 확증하고 있을 뿐이다."[7] 당시 로마 가톨릭교회로부터 '새로운 교리를 퍼뜨린다'고 비난받았을 때, 장 칼뱅은 이렇게 응수했다.

우리는 당신들보다 고대 교회에 훨씬 더 근접해 있습니다. 지금껏 우리가 시도해 온 일들은 교회의 본 모습을 회복하려는 것일 뿐입니다. 처음에 그 교회는 지식이 없고 우둔한 자들로 인해 뒤틀리고 훼손되었습니다. 그리고 이후에는 로마 교황과 그 하수인들이 교회를 파렴치하게 망가뜨리고 거의 멸절시키려 했던 것입니다.[8]

185

부록 2

이 점을 염두에 두고, 케네스 J. 스튜어트는 자신의 책 『고대의 기원을 찾아서』(*In Search of Ancient Roots*)에서, 복음주의 기독교의 흐름은 사도 시대부터 늘 우리 곁에 있어 왔다고 주장했다.[9] 모든 기독교 전통은 오랜 세월을 거치면서 조금씩 변화하기 마련이지만, 진정한 복음주의는 끊임없이 스스로를 개혁하는 특징을 지닌다. 이 개혁은 새로운 시대의 분위기에 적응하기 위함(다른 운동들처럼)이 아니라, 각 시대의 다양한 도전 가운데서도 충실하게 복음을 따르기 위함이다.

복음의 사람들

감사의 글

나는 이 책을 쓰면서 다음의 분들에게 많은 도움을 받았다.

데인 오틀런드는 늘 '복음의 사람'이 된다는 게 무엇인지를 구체적으로 보여준다. 그분은 내게 이 책의 집필 동기를 심어 주었다.

크로스웨이 출판사의 저스틴 테일러는 편집자의 역할을 넘어 집필 과정에서 지혜로운 벗과 조언자가 되어 주었다.

콜린 핸슨과 앤드루 애더스턴, 피터 커몬트와 더스틴 벤지, 존 스티븐스는 모두 내 초고를 읽고 유익한 조언을 해주었다.

내가 재직 중인 유니언 신학교의 직원들, 특히 조엘 모리스와 대니얼 헤임스는 이 책의 집필 과정에서 나를 늘 지지하고 격려해 주었다. 그들은 복음적인 형제애와 복음을 향한 열심의 본이 되는 이들이다.

내 소중한 아내 베선은 내 삶의 모든 짐을 나누는 이로서, 이번에도 기도와 격려로 나를 지지해 주었다.

이 모든 이들에게 깊이 감사드린다!

감사의 글

주

1. 복음의 사람들은 누구인가?

1. Mark A. Noll, *The Scandal of the Evangelical Mind* (Grand Rapids, MI: Eerdmans, 1994), 3. (『복음주의 지성의 스캔들』 IVP)
2. John Stott, *Evangelical Truth: A Personal Plea for Unity* (Leicester: IVP, 1999), 28, 103 (『복음주의의 기본 진리』 IVP); 그리고 J. I. Packer, *The Evangelical Anglican Identity Problem: An Analysis* (Oxford: Latimer House, 1978), 20-23 을 보라.

2. 성부 하나님의 계시

1. J. C. Ryle, *Knots Untied* (London: Chas. J. Thynne, 1900), 3. (『오직 한 길』 CLC)
2. Irenaeus, *Against Heresies*, 3.1.1, in *The Apostolic Fathers with Justin Martyr and Irenaeus*, ed. Alexander Roberts, James Donaldson, and A. Cleveland Coxe, vol. 1 of *The Ante-Nicene Fathers* (Buffalo, NY: Christian Literature Company, 1885), 414.
3. Irenaeus, *Against Heresies*, 3.12.9 (434). 이레니우스는 사도들과 당대 교회의 감독들 사이의 직접적인 연관성을 중요시했다. 하지만 그 연관성은 성경의 내용을 억지로 짜맞추기 위한 해석의 틀 역할을 하지 않았다. 오히려 그것은 교회에서 성경의 명백한 진리를 왜곡하지 않고 잘 보존해 왔다는 증거였다.
4. Athanasius, Letter 39 in *St. Athanasius: Select Works and Letters*, trans. Henry Burgess and Jessie Smith Payne, vol. 4 of *A Select Library of the Nicene and Post-Nicene Fathers of the Christian Church*, 2nd ser., ed. Philip Schaff and Henry Wace (New York: Christian Literature Company, 1892), 552.
5. Gregory of Nyssa, "On the Holy Trinity, and of the Godhead of the Holy Spirit," in *Gregory of Nyssa: Dogmatic Treatises, Etc.*, trans. Henry Austin Wilson, vol. 5 of *A Select Library of the Nicene and Post-Nicene Fathers of the Christian Church*, 2nd ser., ed. Philip Schaff and Henry Wace (New York: Christian Literature Company, 1893), 327.
6. 아우구스티누스에게 '가톨릭'은 '이단'의 반대말을 뜻한다. 그것은 '개신

주

교'와 반대되는 표현이 아니다. Augustine, Letter 148.15 in *The Confessions and Letters of St. Augustin with a Sketch of His Life and Work*, trans. J. G. Cunningham, vol. 1 of *A Select Library of the Nicene and Post-Nicene Fathers of the Christian Church*, 1st ser., ed. Philip Schaff, (Buffalo, NY: Christian Literature Company, 1886), 502.

7. Heiko A. Oberman, *Luther: Man Between God and the Devil* (New Haven, CT: Yale University Press, 1982), 193에서 재인용. 강조는 저자의 것.

8. Catholic Church, *Catechism of the Catholic Church*, par. 82, Vatican (website), 2021년 7월 20일 접속, https:www.vatican.va/content/vatican/en.html.

9. Michael Reeves, *The Unquenchable Flame: Discovering the Heart of the Reformation* (Nashville, TN: B&H Academic, 2010), 189. (『꺼지지 않는 불길』 복 있는 사람)

10. Jonathan Edwards, *Religious Affections, in The Works of Jonathan Edwards*, vol. 2, ed. John E. Smith (New Haven, CT: Yale University Press, 2009), 266. (『신앙감정론』 부흥과개혁사)

11. Friedrich Schleiermacher, *The Christian Faith* (2nd ed. of Der Christliche Glaube, 1830–1831), ed. H. R. Mackintosh and J. S. Stewart (Edinburgh: T&T Clark, 1999), §15 (76). (『기독교 신앙』 한길사)

12. Martin Luther, *Church and Ministry III*, vol. 41 of *Luther's Works,* ed. Jaroslav Jan Pelikan, Hilton C. Oswald, and Helmut T. Lehmann (Philadelphia, PA: Fortress, 1999), 123.

13. Thirty Nine Articles of Religion, Article XX, Anglican Communion (website), 2021년 7월 20일 접속, https:www.anglicancommunion.org/.

14. 나는 이 비유를 N. T. 라이트에게서 배웠다. *The Last Word: Scripture and the Authority of God—Getting Beyond the Bible Wars* (San Francisco, CA: HarperOne, 2006), 101을 보라. (『성경과 하나님의 권위』 새물결플러스)

15. Ryle, *Knots Untied*, 9–10.

16. Irenaeus, *Against Heresies* 2.28.2 (399).

17. 같은 곳, 3.5.1 (417).

18. Augustine of Hippo, Letter 132.3 (350).

19. 같은 곳, 28.3 (251–52).

복음의 사람들

20. Martin Luther, *Word and Sacrament II*, vol. 36 of *Luther's Works*, ed. Jaroslav Jan Pelikan, Hilton C. Oswald, and Helmut T. Lehmann (Philadelphia, PA: Fortress, 1999), 136.

21. Karl Barth, *Church Dogmatics* (Edinburgh: T&T Clark, 1956-1972), I/2, 522. (『교회 교의학』 대한기독교서회)

22. Michael Reeves and John Stott, *The Reformation: What You Need to Know and Why* (Peabody, MA: Hendrickson, 2017), 31. (『살아 있는 종교개혁』 IVP)

23. "The Chicago Statement on Biblical Inerrancy," Short Statement 2, The Evangelical Theological Society (website), 2021년 7월 20일 접속, https:www. etsjets.org/files/documents/Chicago_Statement.pdf.

24. 이와 마찬가지로, 로잔 언약문에서도 성경에서 "확증하는 모든 것에 오류가 없다"고 선언한다. John Stott, ed., *Making Christ Known: Historic Mission Documents from the Lausanne Movement 1974-1989* (Milton Keynes: Paternoster, 1997), 13-14.

25. B. B. Warfield, *Revelation and Inspiration*, vol. 1 of *The Works of Benjamin B. Warfield* (Grand Rapids, MI: Baker, 2003), 180.

26. Bernard Ramm, *Special Revelation and the Word of God* (Grand Rapids, MI: Eerdmans, 1961), 117.

27. J. I. Packer, *God Has Spoken: Revelation and the Bible*, 2nd ed. (London: Hodder and Stoughton, 1979), 97. (『제임스 패커의 절대 진리』 국제제자훈련원)

3. 성자 하나님의 구속

1. Conrad Mbewe, *God's Design for the Church: A Guide for African Pastors and Ministry Leaders* (Wheaton, IL: Crossway, 2020), 62.

2. George Tyrrell, *Christianity at the Crossroads* (London: Longmans, Green, 1909), 44.

3. J. C. Ryle, *Knots Untied* (London: Chas. J. Thynne, 1900), 5. (『오직 한 길』 CLC)

4. Michael Reeves, foreword to Stephen Wellum, *Christ Alone: The Uniqueness of Jesus as Savior*, The Five Solas Series, ed. Matthew Barrett (Grand Rapids, MI: Zondervan, 2017), 13. (『오직 그리스도』 부흥과개혁사)

주

5. Irenaeus, *Against Heresies* 5.pref., in *The Apostolic Fathers with Justin Martyr and Irenaeus*, ed. Alexander Roberts, James Donaldson, and A. Cleveland Coxe, vol. 1 of *The Ante-Nicene Fathers* (Buffalo, NY: Christian Literature Company, 1885), 526.

6. 더 자세한 설명을 위해서는 다음의 글을 참조하라. Michael Reeves, "Only in Christ Can the Image of God Be Restored," Ligonier (website), July 15, 2020, https:www.ligonier.org/.

7. Martin Luther, Letter to Johann von Staupitz (March 31, 1518), in *D. Martin Luthers Werke, Kritische Gesamtausgabe: Briefwechsel*, 18 vols. (Weimar: Hermann Böhlaus Nachfolger, 1930-1983), 1:160, Scott H. Hendrix, *Martin Luther: Visionary Reformer* (New Haven, CT: Yale University Press, 2017), 68에서 재인용. (『마르틴 루터』IVP)

8. C. S. Lewis, *The Screwtape Letters* (London: Geoffrey Bles, 1942), 126. 강조는 C. S. 루이스 자신의 것. (『스크루테이프의 편지』홍성사)

9. The Lausanne Covenant, in John Stott, ed., *Making Christ Known: Historic Mission Documents from the Lausanne Movement 1974-1989* (Milton Keynes: Paternoster, 1997), 16.

10. Ryle, *Knots Untied*, 16.

11. Reeves, foreword to Wellum, *Christ Alone*, 13.

12. John Stott, *Evangelical Truth: A Personal Plea for Unity* (Leicester: IVP, 1999), 35.

13. Michael Reeves, *The Unquenchable Flame: Discovering the Heart of the Reformation* (Nashville, TN: B&H Academic, 2010), 98. (『꺼지지 않는 불길』복 있는 사람)

14. Charles Wesley, "'Tis Finished! The Messiah Dies," All The Lyrics (website), 2021년 9월 9일 접속, https:www.allthelyrics.com/.

15. Martin Luther, "Exposition of Psalm 21," in *D. Martin Luthers Werke, Kritische Gesamtausgabe: Briefwechsel*, 5:608.

16. "The Epistle of Mathetes to Diognetus" 9.2-5, in *The Apostolic Fathers with Justin Martyr and Irenaeus*, ed. Alexander Roberts, James Donaldson, and A. Cleveland Coxe, vol. 1 of *The Ante-Nicene Fathers* (Buffalo, NY: Christian Literature Company, 1885), 28.

복음의 사람들

17. Martin Luther, *D. Martin Luthers Werke: Kritische Gesammtausgabe*, 120 vols. (Weimar, 1883-2009), 40.3:352. 이와 유사하게, 장 칼뱅도 '오직 믿음에 의한 칭의'를 "우리의 신앙이 의존하는 주된 토대"라고 불렀다. John Calvin, *Institutes of the Christian Religion*, ed. John T. McNeill, trans. Ford Lewis Battles, The Library of Christian Classics (Louisville, KY: Westminster John Knox, 1960), 3.11.1 (1:726). (『기독교 강요』 CH북스)

18. 루터가 소장했던 성경의 로마서 3장 23절 이하 본문 여백에 적힌 내용.

19. D. M. Lloyd-Jones, *Romans: An Exposition of Chapters 3:20–4:25, Atonement and Justification* (Edinburgh: Banner of Truth, 1970), xi. (『로마서 강해』 CLC)

20. "Response of the Catholic Church to the Joint Declaration of the Catholic Church and the Lutheran World Federation on the Doctrine of Justification," Clarification 3, Pontifical Council for Promoting Christian Unity (website), 2021년 7월 21일 접속, http:www.christianunity.va/content/unitacristiani/en.html.

21. Nick Needham, "Justification in the Early Church Fathers," in *Justification in Perspective: Historical Developments and Contemporary Challenges*, ed. Bruce L. McCormack (Grand Rapids, MI: Baker Academic, 2006); Michael Horton, *Justification*, vol. 1 (Grand Rapids, MI: Zondervan, 2018), 39–91; James Buchanan, *The Doctrine of Justification* (Edinburgh, Banner of Truth, 1961), 31–113 (『칭의 교리의 진수』 지평서원); Thomas C. Oden, *The Justification Reader* (Grand Rapids, MI: Eerdmans, 2002)을 보라.

22. Tertullian, "The Five Books against Marcion" 5.3, in *Latin Christianity: Its Founder, Tertullian*, ed. Alexander Roberts, James Donaldson, and A. Cleveland Coxe, trans. Peter Holmes, vol. 3 of *The Ante-Nicene Fathers* (Buffalo, NY: Christian Literature Company, 1885), 435.

23. Martin Chemnitz, *Examination of the Council of Trent*, vol. 1, trans. Fred Kramer (St. Louis, MO: Concordia, 2007), 505에서 재인용. 강조는 저자의 것.

24. Marius Victorinus, Commentary on Galatians 2:15–16, in *Justification by Faith*, ed. H. George Anderson, T. Austin Murphy, and Joseph A. Burgess (Minneapolis, MN: Augsburg, 1985), 114.

25. Chrysostom, Homilies on 2 Corinthians 11.5, Nick Needham, "Justification in the Early Church Fathers," 35에서 재인용.

주

4. 성령 하나님을 통한 거듭남

1. D. M. Lloyd-Jones, *What Is an Evangelical?* (Edinburgh: Banner of Truth, 1992), 34. (『복음주의란 무엇인가』 복 있는 사람)

2. J. I. Packer, "Reflections and Response," in *J. I. Packer and the Evangelical Future*, ed. T. George (Grand Rapids, MI: Baker, 2009), 182.

3. D. W. Bebbington, *Evangelicalism in Modern Britain: A History from the 1730s to the 1980s* (London: Unwin Hyman, 1989), 3. (『영국의 복음주의: 1730-1980』 한들)

4. J. C. Ryle, *Knots Untied* (London: Chas. J. Thynne, 1900), 4. 강조는 J.C. 라일 자신의 것. (『오직 한 길』 CLC)

5. Augustine of Hippo, *The Confessions*, trans. Maria Boulding, ed. D. V. Meconi (San Francisco, CA: Ignatius, 1997), 2.4.9 (41). (『고백록』 대한기독교서회)

6. Martin Luther, *Career of the Reformer III*, vol. 33 of *Luther's Works*, ed. Jaroslav Jan Pelikan, Hilton C. Oswald, and Helmut T. Lehmann (Philadelphia, PA: Fortress, 1999), 294.

7. Martin Luther, *Career of the Reformer I*, vol. 31 of *Luther's Works*, ed. Jaroslav Jan Pelikan, Hilton C. Oswald, and Helmut T. Lehmann (Philadelphia, PA: Fortress, 1999), 10-14.

8. 같은 곳, 12.

9. 같은 곳, 15.

10. Ryle, *Knots Untied*, 6; 강조는 J.C. 라일 자신의 것.

11. Augustine, *The Confessions*, 9.1.1 (226-27).

12. Martin Luther, *Career of the Reformer IV*, vol. 34 of *Luther's Works*, ed. Jaroslav Jan Pelikan, Hilton C. Oswald, and Helmut T. Lehmann, (Philadelphia, PA: Fortress, 1999), 337; 강조는 저자의 것.

13. John Wesley, *The Heart of Wesley's Journal: Illustrated*, intro. Robert E. Coleman (Grand Rapids, MI: Kregel, 1989), 43.

14. John Wesley, *Sermons on Several Occasions by John Wesley*, M.A., 3 vols. (London: John Mason, 1829), 2:65.

15. 제임스 패커는 전도를 복음주의 신앙의 여섯 가지 특징 중 하나로 여겼

복음의 사람들

다. *The Evangelical Anglican Identity Problem: An Analysis* (Oxford: Latimer House, 1978), 20-23.

16. John Stott, ed., *Making Christ Known: Historic Mission Documents from the Lausanne Movement 1974-1989* (Milton Keynes: Paternoster, 1997), 238.

17. Ryle, *Knots Untied*, 7; 강조는 존 스토트 자신의 것.

18. Augustine, *The Confessions*, 13.9.10 (416).

19. Martin Luther, *Career of the Reformer IV*, 336.

20. Martin Luther, *Word and Sacrament I*, vol. 35 of *Luther's Works*, ed. Jaroslav Jan Pelikan, Hilton C. Oswald, and Helmut T. Lehmann (Philadelphia, PA: Fortress, 1999), 368.

21. Nicholas Tyacke, "Puritanism, Arminianism and Counter-revolution," in *Reformation to Revolution: Politics and Religion in Early Modern England*, ed. Margo Todd (London and New York: Routledge, 1995), 64.

22. Richard Sibbes, *The Complete Works of Richard Sibbes*, ed. A. B. Grosart, 7 vols. (Edinburgh: James Nichol, 1862), 6:61.

23. Packer, *The Evangelical Anglican Identity Problem*, 20-23.

24. Conrad Mbewe, *God's Design for the Church: A Guide for African Pastors and Ministry Leaders* (Wheaton, IL: Crossway, 2020), 31.

5. 복음의 사람들이 되는 일의 중요성

1. Henry Venn, ed., *The Life and a Selection from the Letters of the late Rev. Henry Venn, M.A.* (London, 1835), vii-viii. J. C. Ryle, *Knots Untied* (London: Chas. J. Thynne, 1900), 8 (『오직 한 길』 CLC) 역시 참조하라.

2. Ryle, *Knots Untied*, 17; 강조는 J.C.라일 자신의 것.

3. J. I. Packer, "Taking Stock in Theology," in *Evangelicals Today*, ed. John C. King (Lutterworth, 1973), 17.

4. 이 주제에 관심 있는 독자들에게는 다음의 두 책을 추천한다. Gavin Ortlund, *Finding the Right Hills to Die On: The Case for Theological Triage* (Wheaton, IL: Crossway, 2020)(『목숨 걸 교리 분별하기』 개혁된실천사); and Rhyne R. Putnam, *When Doctrine Divides the People of God: An Evangelical*

주

Approach to Theological Diversity (Wheaton, IL: Crossway, 2020).

5. 예를 들어, R. Albert Mohler Jr., *The Disappearance of God: Dangerous Beliefs in the New Spiritual Openness* (Colorado Springs, CO: Multnomah, 2009), 1-8 를 보라.

6. Albert Mohler, "A Call for Theological Triage and Christian Maturity," Albert Mohler (website), July 12, 2005, https:albertmohler.com/.

7. "Joint Declaration on the Doctrine of Justification," par. 5, Pontifical Council for Promoting Christian Unity (website), 2021년 7월 21일 접속, http:www. christianunity.va/content/unitacristiani/en.html.

8. *The Canons and Decrees of the Sacred and Oecumenical Council of Trent*, trans. J. Waterworth (London: Dolman, 1848), 45-47.

9. 다음의 글을 보라. Michael Reeves in "The Joint Declaration on the Doctrine of Justification: A Curtain on the Reformation?," Union (website), 2021년 9월 9일 접속, https:www.uniontheology.org/.

10. Catholic Church, *Catechism of the Catholic Church*, pars. 1989-90, Vatican (website), 2021년 7월 21일 접속, https:www.vatican.va/content/vatican/ en.html.

11. Reeves in "The Joint Declaration on the Doctrine of Justification: A Curtain on the Reformation?"

12. "Response of the Catholic Church to the Joint Declaration of the Catholic Church and the Lutheran World Federation on the Doctrine of Justification," Clarification 3, Pontifical Council for Promoting Christian Unity (website), 2021년 7월 21일 접속, http:www.christianunity.va/content/unitacristiani/ en.html.

13. Carl F. H. Henry, "A Plea for Evangelical Unity(1961)," in *Architect of Evangelicalism: The Essential Essays of Carl F. H. Henry*, The Best of Christianity Today (Bellingham, WA: Lexham, 2019), 30.

14. C. H. Spurgeon, *The Two Wesleys* (London: Passmore and Alabaster, 1861), 4.

15. 같은 곳, 4

16. J. C. Ryle, *Christian Leaders of the Last Century; or England a Hundred Years Ago* (London: T. Nelson, 1869), 85. (『18세기 영국의 영적 거성들』지평서원)

17. Henry, "A Plea for Evangelical Unity," 31.

복음의 사람들

18. Iain Murray, *Evangelicalism Divided: A Record of Crucial Change in the Years 1950 to 2000* (Edinburgh: Banner of Truth, 2000), 289. (『분열된 복음주의』 부흥과개혁사)

19. D. A. Carson, *The Gagging of God: Christianity Confronts Pluralism* (Leicester: Apollos, 1996), 455.

20. J. I. Packer and Thomas Oden, *One Faith: The Evangelical Consensus* (Downers Grove, IL: InterVarsity Press, 2004). (『복음주의 신앙 선언』 IVP)

21. 복음 안에서 이루어지는 이 국제적이며 초교파적인 협력 관계는 뚜렷이 복음주의적인 성격을 띤다. 콘래드 음베웨는 이렇게 언급한다. "우리는 교회를 주로 자신의 지역 교회나 교파의 관점에서 생각해서는 안 된다. 우리는 전 지구를 아우르는 그리스도의 몸에 속해 있다. 교회는 아프리카에도 있고, 미국과 유럽에도 있으며, 아시아에도 있다. 교회는 어디에나 존재한다. 우리 각자의 교회는 이 크고 국제적인 조직체에 속한 지역적인 일부일 뿐이다. 때로 '아프리카 교회'를 너무 강조하다 보면, 우리가 전 세계에 걸친 하나의 몸, 하나의 교회에 속해 있다는 사실을 잊게 된다. 각 지역 교회는 다른 교회들과 협력해서 예수님이 전 세계 교회에 맡기신 과업을 이루어 가야 한다. 그리고 우리 주변의 연약한 교회들이 더욱 견고해질 수 있도록 적극적으로 도와야 한다." Conrad Mbewe, *God's Design for the Church: A Guide for African Pastors and Ministry Leaders* (Wheaton, IL: Crossway, 2020), 30-31.

22. Kenneth J. Collins and Jerry L. Walls, *Roman but Not Catholic: What Remains at Stake 500 Years after the Reformation* (Grand Rapids, MI: Baker, 2017), 399.

23. Murray, *Evangelicalism Divided*, 278.

24. Iain Murray, "Divisive Unity," The Master's Seminary Journal 12, no. 2 (Fall 2001): 234.

25. J. C. Ryle, *Charges and Addresses* (Edinburgh: Banner of Truth, 1978), 297.

6. 복음을 진실하게 따르는 삶

1. The State of Theology (website), 2021년 4월 22일 접속, https:thestateof theology.com/.

주

2. R. Albert Mohler Jr., "Confessional Evangelicalism," in *Four Views on the Spectrum of Evangelicalism*, ed. Andrew David Naselli and Collin Hansen (Grand Rapids, MI: Zondervan, 2011), 96.

3. John Stott, *Evangelical Truth: A Personal Plea for Unity* (Leicester: IVP, 1999), 147.

4. Roland H. Bainton, *Here I Stand: A Life of Martin Luther* (Nashville, TN: Abingdon, 1950), 385–86. (『마르틴 루터』 생명의말씀사)

5. Bainton, *Here I Stand*, 386.

6. Richard Sibbes, *The Complete Works of Richard Sibbes*, ed. Alexander Balloch Grosart, vol. 1 (Edinburgh: James Nichol, 1862), 76.

7. Michael Reeves, *Theologians You Should Know: An Introduction: From the Apostolic Fathers to the 21st Century* (Wheaton, IL: Crossway, 2016), 14.

8. Reeves, *Theologians You Should Know*, 15.

9. C. S. Lewis, introduction to Athanasius, *On the Incarnation* (repr., Crestwood, NY: SVS, 1998), 4–5. (『말씀의 성육신에 관하여』 죠이북스)

10. D. M. Lloyd-Jones, *What Is an Evangelical?* (Edinburgh: Banner of Truth, 1992), 39.

11. J. C. Ryle, *Knots Untied* (London: Chas. J. Thynne, 1900), 8. (『오직 한 길』 CLC)

12. Mohler, "Confessional Evangelicalism," 69.

부록 1: 복음주의는 정의될 수 있는가?

1. D. G. Hart, *Deconstructing Evangelicalism* (Grand Rapids, MI: Baker, 2004), 16. 이에 대한 응답으로는 Timothy Larsen, "D. G. Hart, *Deconstructing Evangelicalism: Conservative Protestantism in the Age of Billy Graham*," *The Journal of Religion* 85, no. 1 (January 2005): 120–21를 보라.

2. Jennifer Leclaire, "Evangelist Luis Palau Has Laid Hands on Pope Francis," *Charisma News*, March 21, 2013, https:www.charismanews.com/; George Weigle, "The Christ-Centered Pope," *National Review*, September 20, 2013, https:www.nationalreview.com/.

3. E. Hodder, *The Life and Work of the Seventh Earl of Shaftesbury, K. G.*

복음의 사람들

(London, 1888), 738.

4. D. W. Bebbington, *Evangelicalism in Modern Britain: A History from the 1730s to the 1980s* (London: Unwin Hyman, 1989), 3.

5. Bebbington, *Evangelicalism in Modern Britain*, 4.

6. Mark A. Noll and Carolyn Nystrom, *Is the Reformation Over? An Evangelical Assessment of Contemporary Roman Catholicism* (Grand Rapids, MI: Baker; Milton Keynes: Paternoster, 2005), 12-13, 23. (『종교개혁은 끝났는가?』 CLC)

7. 예를 들어, 지금 미국에서는 많은 이들이 '복음주의'를 정치적이거나 문화적인 범주 혹은 인종적인 범주로 간주한다. 그리하여 거듭나지 않은 명목상의 교인들, 곧 그리스도를 전혀 따르지 않거나 복음에 대한 충성보다 정치적인 당파성을 앞세우는 이들까지 스스로를 '복음주의자'로 지칭하고 있다. 나는 영국의 고백적인 복음주의자로서, 미국에서 '복음주의'가 어떤 정치적인 어감을 띠는지를 제대로 알기 어렵다. 영국의 경우에는 그런 분위기가 거의 없기 때문이다. (이는 호주나 유럽, 아프리카와 남아메리카, 혹은 한국에서도 마찬가지다.) 물론 미국 바깥의 복음주의자들도 정치 문제에 관심을 품고 있다. 복음주의 신학은 늘 정치적인 함의를 지닌다. 그러나 그들 자신을 정치적이거나 인종적인 집단으로 여기지는 않는다. 지금 미국이 전세계에 비할 데 없이 큰 영향력을 미치기는 하지만, 다른 나라의 복음주의자들이 근래에 나타난 미국의 이 왜곡된 현상을 굳이 따라가야 하는 것은 아니다. 사실 북미 대륙 외부에 있는 복음주의자들이 훨씬 많으며, 나이지리아와 브라질에 있는 이들의 숫자만 합쳐도 미국을 능가한다. 그리고 인구 비율로 따질 때, 오늘날 복음주의의 중심지는 미국이나 영국이 아니라 한국과 케냐다. 이처럼 지금의 복음주의는 결코 미국만의 현상이 아니다. 미국 내의 논쟁만 가지고 그 운동의 정체성을 규정해서는 안 된다.

8. Francis Schaeffer, *The Great Evangelical Disaster* (Wheaton, IL: Crossway, 1984), 37. (『위기에 처한 복음주의』 생명의말씀사)

9. 이에 관해서는 다음의 책을 보라. J. I. Packer and Thomas Oden, *One Faith: The Evangelical Consensus* (Downers Grove, IL: InterVarsity Press, 2004). (『복음주의 신앙 선언』 IVP)

10. George M. Marsden, ed., *Evangelicalism and Modern America* (Grand Rapids, MI: Eerdmans, 1984), ix-x.

11. J. I. Packer, *The Evangelical Anglican Identity Problem: An Analysis* (Oxford:

주

Latimer House, 1978), 20-23.

12. J. I. Packer, "What Did the Cross Achieve? The Logic of Penal Substitution," *Tyndale Bulletin*, 25 (1974): 3.

13. John Stott, *Evangelical Truth: A Personal Plea for Unity* (Leicester: IVP, 1999), 28, 103.

부록 2: 복음주의에는 역사가 있는가?

1. Michael Reeves and John Stott, *The Reformation: What You Need to Know and Why* (Peabody, MA: Hendrickson, 2017), 31. (『살아 있는 종교개혁』 IVP)

2. J. I. Packer, *"Fundamentalism" and the Word of God* (Leicester: Inter-Varsity Fellowship, 1958), 22. (『근본주의와 성경의 권위&자유주의』 개혁주의출판사)

3. J. C. Ryle, *Knots Untied* (London: Chas. J. Thynne, 1900), 19. (『오직 한 길』 CLC)

4. J. H. Newman, *Essay on the Development of Christian Doctrine* (London: Tooley, 1845), 8.

5. Peter Marshall, "Evangelical conversion in the reign of Henry VIII," in *The Beginnings of English Protestantism*, ed. Peter Marshall and Alec Ryrie (Cambridge: Cambridge University Press, 2002), 14-37.

6. Second Helvetic Confession, chap. 13, Christian Classics Ethereal Library (website), 2021년 9월 15일 접속, https:www.ccel.org/.

7. Martin Luther, *Lectures on Galatians*, 1535, Chapters 1-4, vol. 26 of *Luther's Works*, ed. Jaroslav Jan Pelikan, Hilton C. Oswald, and Helmut T. Lehmann (Philadelphia, PA: Fortress, 1999), 39.

8. John Calvin, "Reply to Sadoleto," in John Calvin and Jacopo Sadoleto, *A Reformation Debate*, ed. John C. Olin (Grand Rapids, MI: Baker, 1966), 62.

9. Kenneth J. Stewart, *In Search of Ancient Roots: The Christian Past and the Evangelical Identity Crisis* (London: Apollos, 2017).

복음의 사람들

찾아보기

205

찾아보기

복음의 사람들

미사 Mass 71

ㅂ

바르트, 칼 Barth, Karl 47
바리새인 Pharisees 26-27, 34, 48,
　85-86
바실리우스, 가이사랴의 Basil of
　Caesarea 81
반지성주의 anti-intellectualism 162
베빙턴, 데이비드 Bebbington, David
　87, 173-174
베인턴, 롤런드 Bainton, Roland 153-
　154
벤, 헨리 Venn, Henry 119-120
'변질' "Deformation" 108
변화 transformation 152
보편성 catholicity 30주6(191), 87, 160
복음 gospel
　복음 중 일부를 빠뜨림 subtraction
　　from 163
　복음에 대한 불일치 disagreement
　　on 117
　복음에 더함 addition to 67
복음주의 신학회 Evangelical
　Theological Society 136
복음주의자들 evangelicals
　복음주의자들과 교파들 and
　　denominations 137-140
　복음주의자들과 새로운 탄생 and

　new birth 98-95
　복음주의자들과 연합 on unity 133
　복음주의자들의 신학 theology of
　　16-23
　복음주의자들의 역사 history of
　　181-186
　복음주의자들의 정의 definition of
　　13-15, 171-179
　복음주의자들의 호칭 label of
　　167-69
부활 resurrection 73, 94
부흥 운동 revivalism 182
분리 schism 119
분별력 discernment 142
분파주의 sectarianism 132
빅토리누스, 마리우스 Victorinus,
　Marius 81

ㅅ

사도신경 Apostles' Creed 22, 181
사도의 권위 apostolic authority
　30주6(191), 148, 181, 185-186
삼위일체 Trinity 17, 166, 179
새 백성 new people 110-113
새 언약 new covenant 92-93
새로운 삶 new life 101-109
새로운 탄생 new birth 92-101
선행 good works 80, 104, 124-126
성경 Scripture

찾아보기

208

복음의 사람들

찾아보기

복음의 사람들

ㅎ

찾아보기